…かい。
…月九日《ここのか》。

…。入《にゅう》じょう。
…こに 入《い》れる。
…つに 入《はい》る。

…。王子《おうじ》さま。
…子《す》を 見《み》る。
…を かう。

…すきな うた。
…せつ。
…さい 車《くるま》。

…。五日《いつか》。
…の りんご。

…。木《もく》よう日《び》。
…に のぼる。
…かげで 休《やす》む。

七

2かく
七月《しちがつ》。
七《なな》いろ。
七《なな》つの もも。

八

2かく
八《はち》まい。八《や》えざくら。
八《やっ》つの ビー玉《だま》。
一月八日《いちがつようか》。

女

3かく
女王《じょおう》。男女《だんじょ》。
女《おんな》の子《こ》。

土

3かく
ねん土《ど》。
ひろい 土《と》ち。
土《つち》を ほる。

手

4かく
あく手《しゅ》。
手《て》を 下《お》ろす。
手《て》ぶくろ。

六

4かく
六月《ろくがつ》。
六《むっ》つの ボール。
六日目《むいかめ》。

5かく

十

2かく
十円玉《じゅうえんだま》。
十《じっ》かい。
十日《とおか》が たつ。

力

2かく
火力《かりょく》。学力《がくりょく》。
力《りき》そうする。
力《ちから》を つける。

小

3かく
小学校《しょうがっこう》。
小《ちい》さい ねこ。
小川《おがわ》の 小石《こいし》。

円

水

…水《すい》。
…る。

右

5かく
右《う》せつ。
左右《さゆう》を 見《み》る。
右《みぎ》がわ。

5かく

人

2かく
名人《めいじん》。人気《にんき》。
人《にん》ぎょうで あそぶ。
人《ひと》が あつまる。

下

3かく
ろう下《か》。上下《じょうげ》。下《した》じき。
川下《かわしも》へ 下《くだ》る。
ぶら下《さ》がる。下《お》り口《くち》。

上

3かく
おく上《じょう》。年上《としうえ》。上《うわ》ばき。
川上《かわかみ》。見上《みあ》げる。
川《かわ》を 上《のぼ》る。

王

4かく
王《おう》かん。
王《おう》さまの へや。
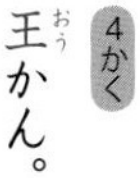

中

4かく
水中《すいちゅう》。
中《なか》ゆび。
まん中《なか》の せき。
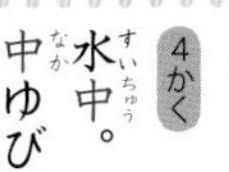

玉

5かく
ほう玉《ぎょく》。
水玉《みずたま》。ビー玉《だま》。
五円玉《ごえんだま》を 出《だ》す。

5かく

一年生《いちねんせい》でならう かん字《じ》 つかいかたひょう

（80字《じ》）

口
3かく
人口《じんこう》。
口《く》ちょう。
赤《あか》い　口《くち》べに。

夕
3かく
夕日《ゆうひ》。
夕《ゆう》がたに　なる。

火
4かく
火《か》よう日《び》。
火《ひ》が　もえる。
なつの　花火《はなび》。

天
4かく
天気《てんき》よほう。
天《あま》の川《がわ》を　見《み》る。

5かく
さゆう　ひだりて

三
3かく
三《さん》かく。
三日月《みかづき》。
三《み》つあみに　する。

千
3かく
千円《せんえん》。
千《せん》ばの　とり。
千《ち》よがみ。

月
4かく
月《げつ》よう日《び》。
六月生《ろくがつう》まれ。らい月《げつ》。
月日《つきひ》が　たつ。

日
4かく
まい日《にち》。休日《きゅうじつ》。
月日《つきひ》が　たつ。
三日《みっか》が　たつ。

5かく
しがつ　よ

一
1かく
一円《いちえん》。一日《いちにち》。
一《ひと》つ　のこる。

二
2かく
二月《にがつ》。
二《ふた》えまぶた。
二《ふた》つの　みかん。

山
3かく
山《さん》ちょう。ふじ山《さん》。
山小《やまご》やへ　いく。
山《やま》のぼり。

川
3かく
ながい　川《かわ》。
川上《かわかみ》。
たに川《がわ》に　いく。

犬
4かく
もうどう犬《けん》。
犬《いぬ》の　さんぽ。
犬小《いぬご》や。

文
4かく
文《ぶん》しょう。
ちゅう文《もん》を　とる。

5かく
しゅ

九
2かく
九《きゅう》か
九月《くがつ》

入
2かく
入学《にゅうがく》
かご
ふえ

子
3かく
女子《じょし》
よう
子《こ》

大
3かく
大《だい》す
大《たい》せ
大《おお》き

五
4かく
五人《ごにん》
五《いつ》つ

木
4かく
大木《たいぼく》
木《き》に
木《こ》か

5かく
せい

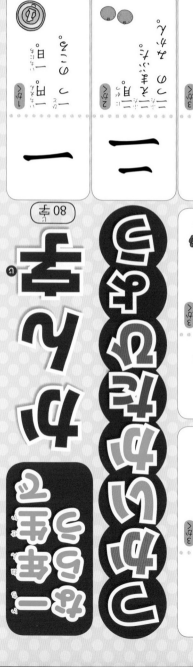

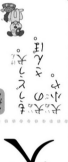

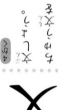

小学 1 年生

漢字《かんじ》に ぐーんと 強《つよ》くなる

もくじ

KUMON

この　本《ほん》の　しくみと　つかいかた

学《がく》しゅうする　かん字《じ》の　グループ
おもに　かん字《じ》の　いみで　まとめて　あります。それぞれの　かん字《じ》を　かんれんづけて　おぼえましょう。

かん字《じ》の　なりたちや　しくみ

かくすう

れんしゅう
かきじゅんを　見《み》ながら、上《うえ》から　なぞって　れんしゅうしましょう。ほかの　かみにも　かいて　れんしゅうしましょう。

かきじゅん

よみかきの　れんしゅう
よみと　かきは　おなじ　かん字《じ》ですので、こたえは　つけて　ありません。

よみかた
カタカナは　音《おん》よみ、ひらがなは　くんよみです。ふとい　字《じ》は　おくりがな、（　）は　小学校《しょうがっこう》では　ならわない　よみかたです。

じゅくご
かん字《じ》が　二《ふた》つや　三《みっ》つ、むすびついた　ことばです。かたほうの　字《じ》も　なぞって、いっしょに　おぼえましょう。

音《おん》くんさくいん

一年生の　かん字　80字

一年生《いちねんせい》で　ならう　かん字《じ》の　すべての　よみかたを、五十音《ごじゅうおん》（あいうえお…）じゅんに　ならべて　います。

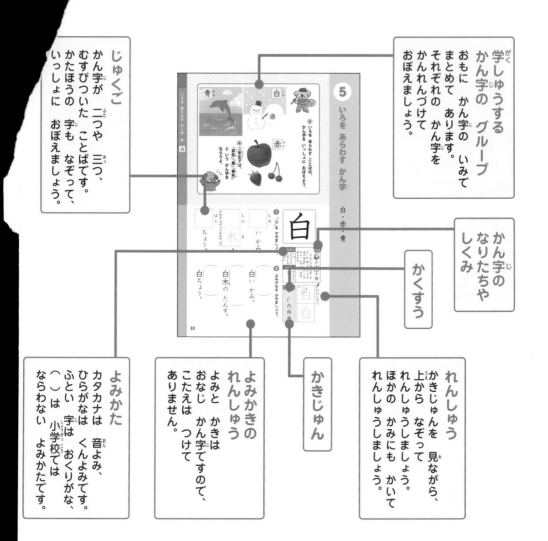

音 59
女 68

か

カ 下 29
カ 火 18
カ 花 51
か 日 21
かい 貝 49
ガク 学 57
ガツ 月 17
かな 金 20
かね 金 20
かみ 上 28
から 空 42
かわ 川 38

き

キ 気 44
き 木 20
き 生 71
キュウ 九 10
キュウ 休 85
ギョク 玉 14
キン 金 20

く

ク 九 10
ク 口 75
クウ 空 42
くさ 草 52
くださる 下 29
くだす 下 29
くだる 下 29
くち 口 75
くるま 車 64

け

ケ 気 44
ゲ 下 29
ゲツ 月 17
ケン 犬 48
ケン 見 83

こ

こ 小 24
こ 子 72
こ 木 20
ゴ 五 7
コウ 口 75
コウ 校 57
コク 石 39
ここの 九 10
ここのつ 九 10
コン 金 20

さ

サ 左 30
さがる 下 29
さき 先 70
さげる 下 29
サッ 早 86
サン 三 6
サン 山 38

し

シ 子 72
シ 四 7
シ 糸 64
ジ 字 60
ジ 耳 76
した 下 29
シチ 七 9
ジッ 十 12
ジツ 日 21
しも 下 29
シャ 車 64
シャク 石 39
シャク 赤 34
シュ 手 78
ジュウ 十 12
ジュウ 中 24
シュツ 出 82
ジョ 女 68
ショウ 小 24
ショウ 上 28
ショウ 生 71
ショウ 正 86
ショウ 青 34
ジョウ 上 28
しら 白 33
しろ 白 33
しろい 白 33
シン 森 41
ジン 人 67

す

ス 子 72
スイ 水 18
スイ 出 82

せ

セイ 生 71
セイ 正 86
セイ 青 34
セキ 夕 45
セキ 石 39
セキ 赤 34
セン 千 13
セン 川 38
セン 先 70

そ

ソウ 早 86
ソウ 草 52
ソク 足 78
そら 空 42
ソン 村 56

た

た 手 78
た 田 39
タイ 大 23
ダイ 大 23
たけ 竹 52
たす 足 78
だす 出 82
ただしい 正 86
ただす 正 86
たつ 立 83
たてる 立 83
たま 玉 14
たりる 足 78
たる 足 78
ダン 男 68

ち

ち 千 13
ちいさい 小 24
ちから 力 79
チク 竹 52
チュウ 中 24
チュウ 虫 49
チョウ 町 56

つ

つき 月 17
つち 土 21

て

て 手 78
でる 出 82
テン 天 44
デン 田 39

と

ト 土 21
と 十 12
ド 土 21
とお 十 12
とし 年 61

な

な 名 61
なか 中 24
なな 七 9
ななつ 七 9
なの 七 9
なま 生 71
ナン 男 68

に

ニ 二 6
ニチ 日 21
ニュウ 入 82
ニョ 女 68
ニョウ 女 68
ニン 人 67

ね

ね 音 59
ネン 年 61

の

のぼす 上 28
のぼせる 上 28
のぼる 上 28

は

はいる 入 82
はえる 生 71
ハク 白 33
ハチ 八 10
はな 花 51
はやい 早 86
はやし 林 41
はやす 生 71
はやまる 早 86
はやめる 早 86

ひ

ひ 火 18

「かず」は、いろいろな ものに つかわれるよ。

一《いち》 二《に》 三《さん》 四《し》 五《ご》 六《ろく》

七《しち》 八《はち》 九《きゅう》 十《じゅう》 百《ひゃく》円《えん》玉《だま》 千《せん》円《えん》

かずを あらわす かん字

一・二・三・四・五・六・七・八・九・十・百・千・円・玉

一

よみかた	いみ
イチ イツ ひと ひとつ	・かずの 一 ・はじめ

なりたち

一→一

いっ本《ぽん》の よこせんで、かずの「一」を あらわした 字《じ》。

1かく　一

れんしゅう　とめる

1「一」を かきましょう。

□《いち》年生《ねんせい》。

□《いっ》本《ぽん》。

□《ひと》つ。

2 よみがなを かきましょう。

一（　）年生《ねんせい》に なる。

一（　）本《ぽん》の えんぴつ。

一（　）つの けしゴム《ごむ》。

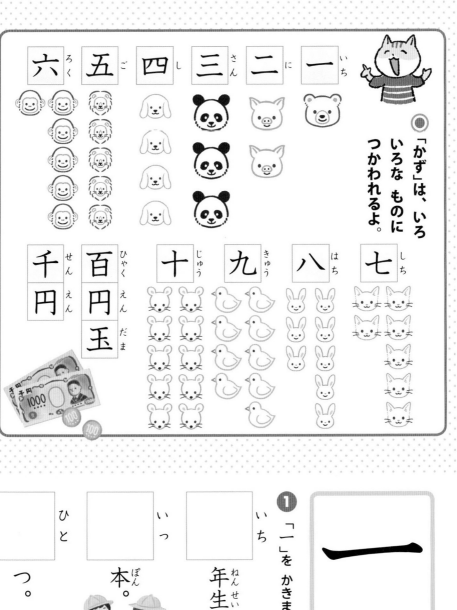

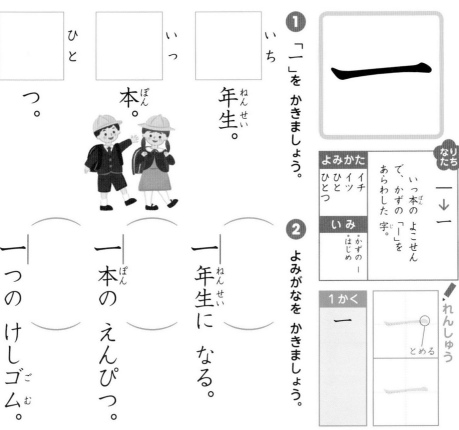

二

なりたち
二 → 二
に本《ほん》の よこせんで、かずの「2」を あらわした 字《じ》。

よみかた	いみ
ニ ふた ふたつ	・かずの 2

2かく

れんしゅう
ながく

1 「二」を かきましょう。

に □ まい。

に □ さつの 本《ほん》。

ふた □ つぶ。

ふた □ つ たたく。

2 よみがなを かきましょう。

二（　）まいの かみ。

二（　）さつの 本《ほん》。

二（　）つぶの こめ。

手《て》を 二（　）つ たたく。

三

なりたち
三 → 三
さん本《ぼん》の よこせんで、かずの「3」を あらわした 字《じ》。

よみかた	いみ
サン み みつ みっつ	・かずの 3

3かく

れんしゅう
ながく

1 「三」を かきましょう。

さん □ 人《にん》。

み □ 日月《かづき》。

みっ □ つ。

み □ つあみ。

2 よみがなを かきましょう。

三（　）人《にん》が あつまる。

三（　）日月《かづき》を 見《み》る。

三（　）つ かぞえる。

三（　）つあみを する。

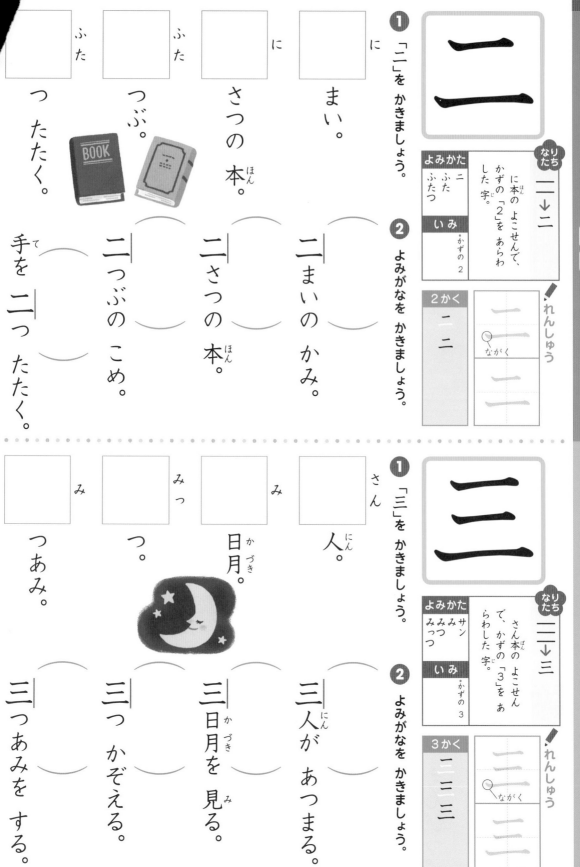

四

なりたち
「口(しかくの かこみ)」と「儿(わける こと)」を あわせた 字《じ》。ものが 四《よっ》つに わかれる ことから、かずの「4」を あらわした。

よみかた
シ
よ・よっつ
よん

いみ
・かずの 4

5かく

れんしゅう
まげる

1 「四」を かきましょう。

し□月《がつ》に なる。

よん□かい。

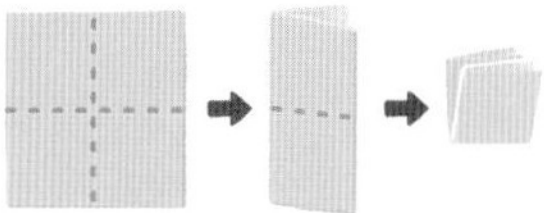

よっ□つに おる。

よ□じかんめ。

2 よみがなを かきましょう。

四（　　）月《がつ》に なる。

四（　　）かいに すむ。

四（　　）つに おる。

四（　　）じかんめ。

五

なりたち
二本《にほん》の せんが まじわる ことを しめした 字《じ》。手《て》の ゆびで かぞえる とき、「5」で ぎゃくに もどるので、「5」を あらわした 字《じ》。

よみかた
ゴ
いつ
いつつ

いみ
・かずの 5

4かく 一 丆 五 五

れんしゅう
おる

1 「五」を かきましょう。

ご□円玉《えんだま》。

ご□ばんめ。

いっ□日《か》。

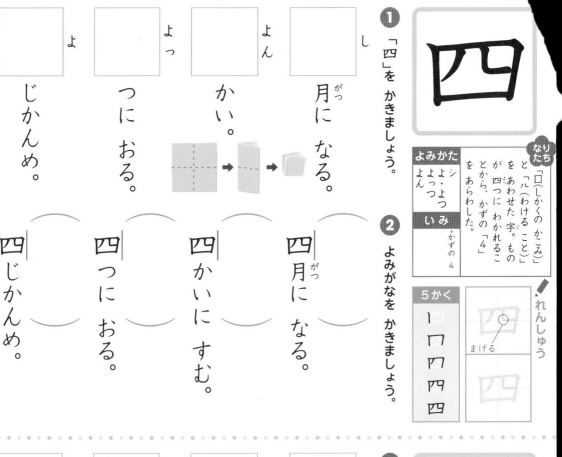

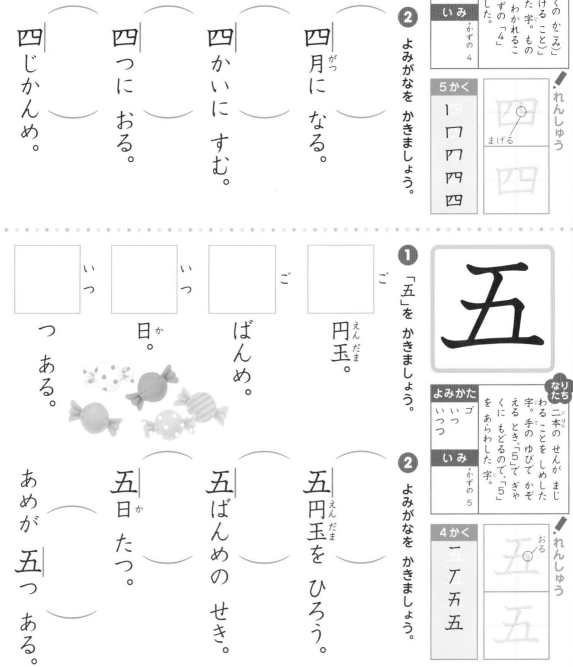

いっ□つ ある。

2 よみがなを かきましょう。

五（　　）円玉《えんだま》を ひろう。

五（　　）ばんめの せき。

五（　　）日《か》 たつ。

あめが 五（　　）つ ある。

ドリル

てん
1つ・5てん

❶ ―せんの かん字《じ》の よみがなを かきましょう。

① （　　　） 五ばんめ。

② （　　　） 二さつの 本《ほん》。

③ （　　　） 一本《ぽん》。

④ （　　　） 四ばんめ。

⑤ （　　　） 四じかんめ。

⑥ （　　　） 一つの けしゴム。

⑦ （　　　） 五つ とる。

⑧ （　　　） 三人《にん》が あつまる。

⑨ （　　　） 三つあみ。

⑩ （　　　） 二つぶの こめ。

❷ よみがなに あう かん字《じ》を かきましょう。

① □《いち》年生《ねんせい》。

② □《ふた》つ。

③ □《さん》人《にん》。

④ □《ひと》つ。

⑤ □《に》まい。

⑥ □《いつ》つの あめ。

⑦ □《し》月《がつ》。

⑧ □《みっ》つ かぞえる。

⑨ □《ご》円玉《えんだま》。

⑩ □《よん》かいに すむ。

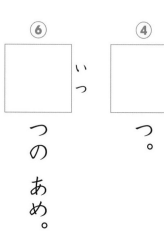

六

なりたち
あなに おおいを かぶせた ようすを えがいた字《じ》。かずの「6」を あらわすように なった ことは、はっきり わからない。

よみかた
ロク む・むっつ むい

いみ
•かずの 6

れんしゅう
4かく
丶 亠 六 六
はらう

1 「六」を かきましょう。

□《ろく》年《ねん》生《せい》。

□《ろっ》かい。

□《むっ》つに なる。(ろくさいに なる)

六月《ろくがつ》□《むい》日《か》。

2 よみがなを かきましょう。

六(　　)年《ねん》生《せい》と かえる。

六(　　)かい とぶ。

六(　　)つに なる。

六月《ろくがつ》六(　　)日《か》。

七

なりたち
木《き》の えだを と中《ちゅう》で きった かたちを えがいた 字《じ》。と中《ちゅう》で きった あとの のこりものの ことから、わりきれないで のこる「7」の こと。

よみかた
シチ なな ななつ なの

いみ
•かずの 7

れんしゅう
2かく
一 七
まげる

1 「七」を かきましょう。

あさの □《しち》じ。

□《しち》五三《ごさん》。

□《なな》いろ。

七月《しちがつ》□《なの》日《か》。

2 よみがなを かきましょう。

あさの 七(　　)じ。

七(　　)五三《ごさん》の きもの。

七(　　)いろの にじ。

七月《しちがつ》七(　　)日《か》。

八

なりたち
左右《さゆう》に わかれる ようすを えがいた字《じ》。「8」と いう かずは、「4」と「4」に わかれるので、かずの「8」を あらわすように なった。

よみかた	いみ
ハチ や・やっつ よう	・かずの 8

れんしゅう
2かく
ノ 八
あける

1 「八」を かきましょう。

はち□だい。

はっ□さつ。

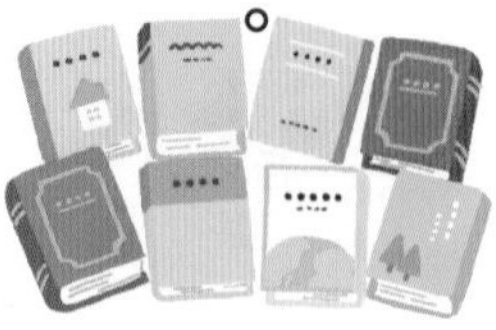

やっ□つずつ。

八月《はちがつ》よう□日《か》。

2 よみがなを かきましょう。

八(　　)だいの 車《くるま》。

八(　　)さつの 本《ほん》。

八(　　)つずつに わける。

八月《はちがつ》八(　　)日《か》。

九

なりたち
「究《きゅう》(さいごに なる)」の 音《おと》と おなじなので 一《ひと》けたの かずの うち、さいごの ひきしめる かずである「9」を あらわす。

よみかた	いみ
キュウ ク ここの ここのつ	・かずの 9

れんしゅう
2かく
ノ 九
はねる

1 「九」を かきましょう。

きゅう□この 玉《たま》。

よるの く□じ。

ここの□つ。

九月《くがつ》ここの□日《か》。

2 よみがなを かきましょう。

九(　　)この 玉《たま》。

よるの 九(　　)じ。

九(　　)つの ビー《びい》玉《だま》。

九月《くがつ》九(　　)日《か》。

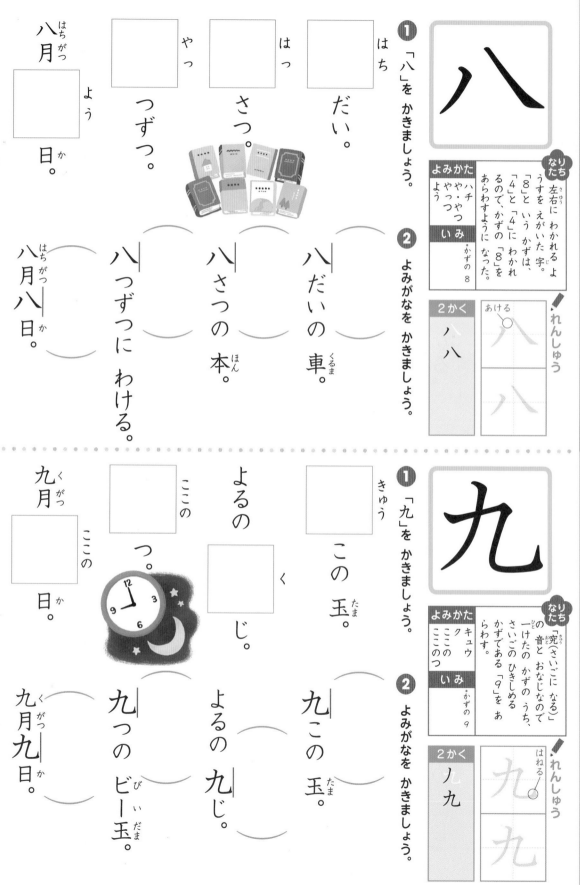

ドリル

1つ・5てん

てん

1 —せんの かん字《じ》の よみがなを かきましょう。

① あさの 七じ。（　　）

② 八だいの 車《くるま》。（　　）

③ 六年生《ねんせい》。（　　）

④ 九つの ビー玉《びいだま》。（　　）

⑤ 八つずつ。（　　）

⑥ 七月《しちがつ》七日《か》。（　　）

⑦ 九この 玉《たま》。（　　）

⑧ 六つに なる。（　　）

⑨ 八月《はちがつ》八日《か》。（　　）

⑩ 七いろの にじ。（　　）

2 よみがなに あう かん字《じ》を かきましょう。

① □《はっ》さつ。

② □《ろっ》かい とぶ。

③ □《く》じ。

④ □《なな》いろの にじ。

⑤ □《ろく》年生《ねんせい》。

⑥ □《きゅう》この 玉《たま》。

⑦ □《しち》五三《ごさん》。

⑧ □《やっ》つずつ。

⑨ 九月《くがつ》□《ここの》日《か》。

⑩ 六月《ろくがつ》□《むい》日《か》。

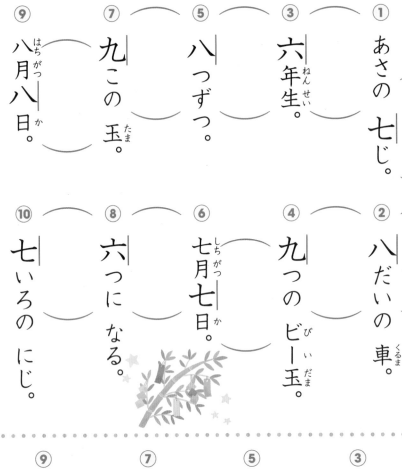

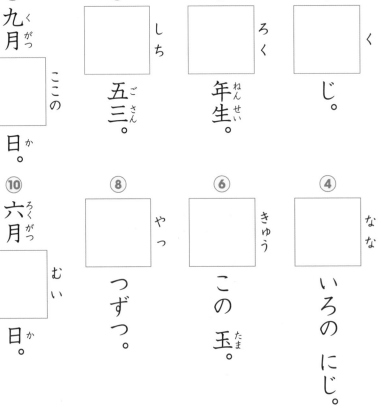

十

なりたち
一本《いっぽん》の せんで ぜんぶを 一《ひと》つに まとめる ことを あらわした 字《じ》。のちに まん中《なか》が ふくれて、「十」の かたちに なった。かずの 「10」の こと。

よみかた	いみ
ジュウ ジッ とお と	・かずの 10

2かく
一 十

✎れんしゅう
したを ながく

1 「十」を かきましょう。

じゅう（　　）人《にん》の 人《ひと》。

じゅう（　　）円玉《えんだま》。

三《さん》じ じっ（　　）ぷん。

十月《じゅうがつ》 とお（　　）日《か》。

2 よみがなを かきましょう。

十（　　）人《にん》の 人《ひと》。

十（　　）円玉《えんだま》を 出《だ》す。

三《さん》じ十（　　）ぷん。

十月《じゅうがつ》十（　　）日《か》。

百

なりたち
「一(いち)」と「白(しろ)」を あわせた 字《じ》。「白」は もともと、かずの ひゃくの いみが あったが、「一」を つけて 「一〇〇」を あらわした。

よみかた	いみ
ヒャク —	・かずの 100 ・かずが おおい

6かく
百 一 丆 丌 百 百 百

✎れんしゅう
はらう

1 「百」を かきましょう。

ひゃく（　　）円《えん》 もらう。

ひゃく（　　）てん。

ひゃく（　　）人《にん》。

ひゃっ（　　）かじてん。

2 よみがなを かきましょう。

百（　　）円《えん》 もらう。

百（　　）てんを とる。

百（　　）人《にん》 あつまる。

百（　　）かじてん。

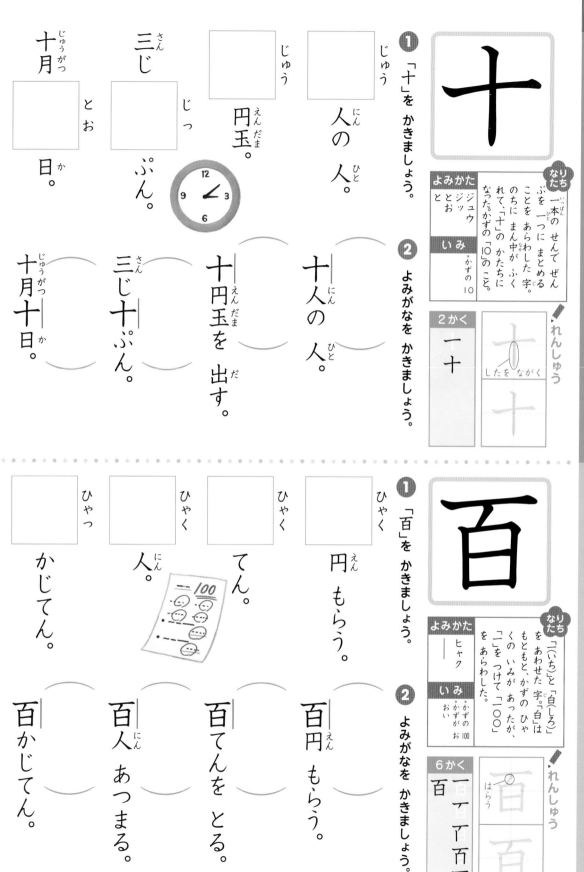

千

なりたち

↓千

「亻(ひと)」と「一(ひとまとまり)」を あわせた 字《じ》。かずの 「一〇〇〇」を あらわした 字《じ》。

よみかた
セン ち
いみ
・かずの 1000 ・かずが おおい

3かく

れんしゅう　みぎから はらう

❶「千」を かきましょう。

せん□円《えん》さつ。

せん□人《にん》の 人《ひと》。

せん□ばづる。

ち□よがみ。（もようの ついた かみ）

❷ よみがなを かきましょう。

千（　）円《えん》さつ。

千（　）人《にん》の 人《ひと》。

千（　）ばづる。

千（　）よがみを きる。

円

なりたち

もとの 字《じ》は「圓」。「囗(かこい)」と「員(まるい うつわ)」を あわせた 字《じ》。まるい かこいを あらわす。

よみかた
エン まるい
いみ
・わの かたち ・おかねの たんい

4かく

れんしゅう　はねる

❶「円」を かきましょう。

五十《ごじゅう》えん□。

えん□の 中《なか》。

えん□ばん。（まるくて ひらたい かたちの もの）

まる□い さら。

❷ よみがなを かきましょう。

五十《ごじゅう》円（　）の おかし。

円（　）の 中《なか》。

円（　）ばん。

円（　）い さら。

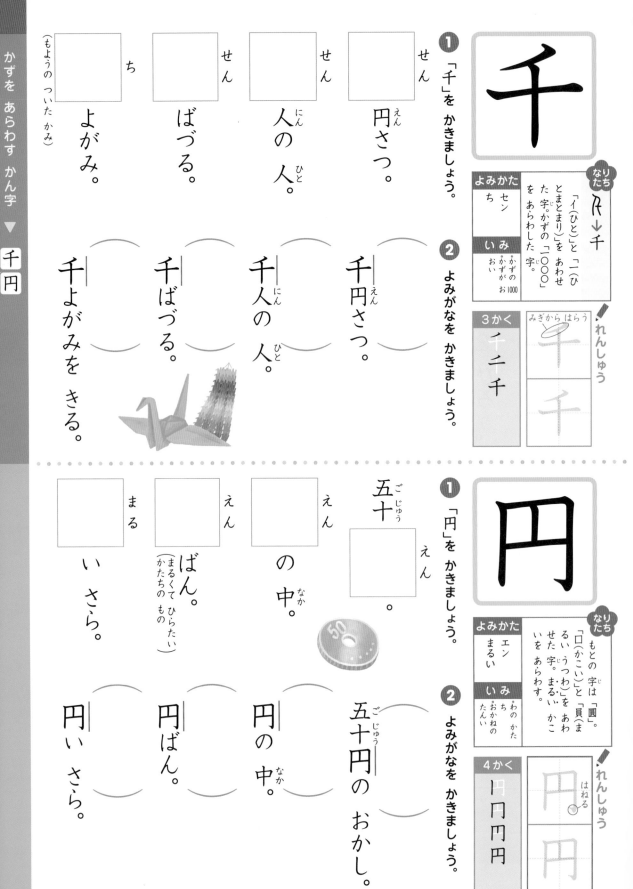

玉

なりたち
ほう石《せき》や うつくしい たまを ひもで 三《みっ》つ つらねた ようすを えがいた字《じ》。
→王→玉

よみかた
ギョク
たま

いみ
・ほうせき
・まるい もの
・たいせつな もの

5かく
一 丅 千 王 玉

れんしゅう
わすれずに

1 「玉」を かきましょう。

シャボン《しゃぼん》□だま。
ビー《びい》□だま。
百円《ひゃくえん》□だま。
水《みず》□たま。

2 よみがなを かきましょう。

シャボン玉。（　　）
ビー玉で あそぶ。（　　）
百円《ひゃくえん》玉を ひろう。（　　）
水玉の もよう。（　　）

かぞえる ことば

「一《いち》」から「十《じゅう》」までの かん字《じ》には、いろいろな よみかたが あります。かぞえる ものに よって よみかたの かわる ものに、気《き》を つけましょう。

	一	二	三	四	五	六	七	八	九	十
かみ	一《いち》まい	二《に》まい	三《さん》まい	四《よん》まい	五《ご》まい	六《ろく》まい	七《しち》(なな)まい	八《はち》まい	九《きゅう》まい	十《じゅう》まい
えんぴつ	一《いっ》ぽん	二《に》ほん	三《さん》ぼん	四《よん》ほん	五《ご》ほん	六《ろっ》ぽん	七《しち》(なな)ほん	八《はち》ほん・八《はっ》ぽん	九《きゅう》ほん	十《じっ》(じゅっ)ぽん
虫(むし)	一《いっ》ぴき	二《に》ひき	三《さん》びき	四《よん》ひき	五《ご》ひき	六《ろっ》ぴき	七《しち》(なな)ひき	八《はち》ひき・八《はっ》ぴき	九《きゅう》ひき	十《じっ》(じゅっ)ぴき

※ちょうは、「とう」とも かぞえます。

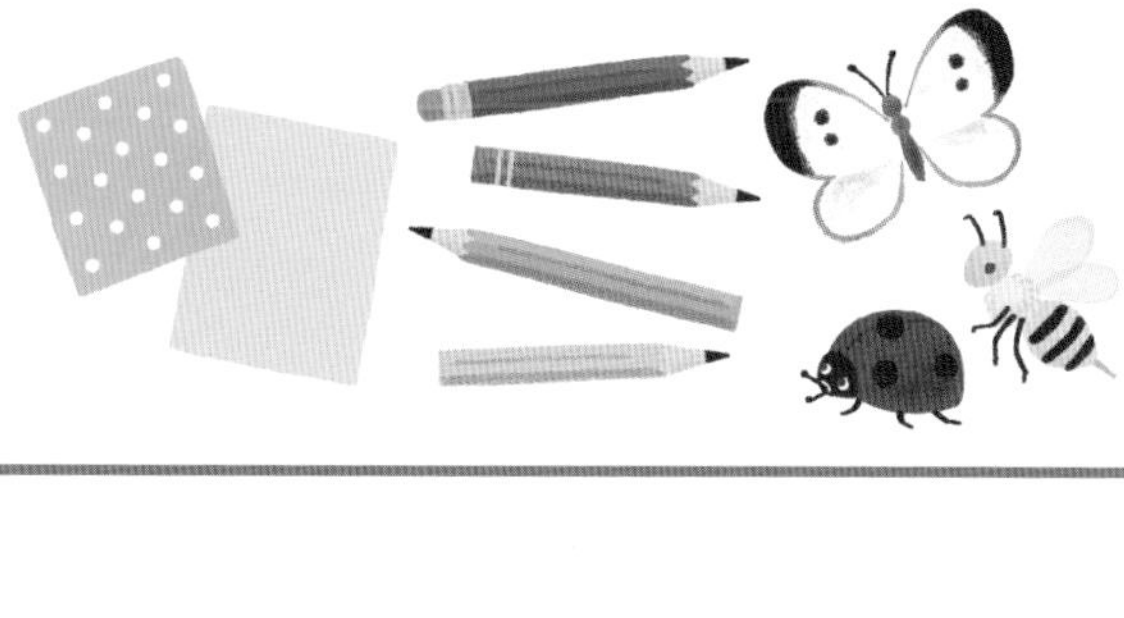

ドリル

てん

1つ・5てん

1 ―せんの かん字《じ》の よみがなを かきましょう。

① 十人《にん》の 子《こ》ども。（　　）

② 千円《えん》さつ。（　　）

③ 百円《ひゃくえん》玉。（　　）

④ 円ばん。（　　）

⑤ 千よがみ。（　　）

⑥ 三《さん》じ十ぷん。（　　）

⑦ 円い さら。（　　）

⑧ 百てんを とる。（　　）

⑨ 十月《じゅうがつ》十日《か》。（　　）

⑩ 千人《にん》の 人《ひと》。（　　）

2 よみがなに あう かん字《じ》を かきましょう。

① □《ひゃく》人《にん》。

② 五《ご》十《じゅう》□《えん》。

③ □《せん》ばづる。

④ 十月《じゅうがつ》□《とお》日《か》。

⑤ シャボン《しゃぼん》□《だま》。

⑥ □《まる》い さら。

⑦ □《じゅう》人《にん》。

⑧ □《ひゃっ》かじてん。

⑨ □《えん》ばん。

⑩ 五《ご》じ □《じっ》ぷん。

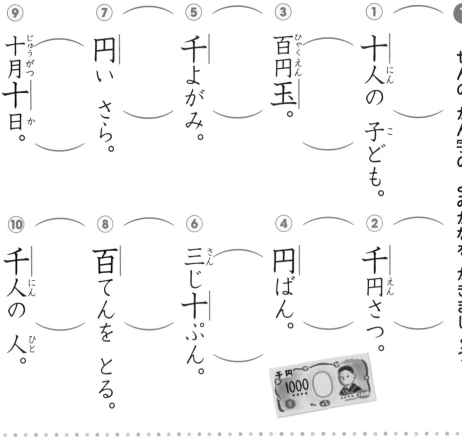

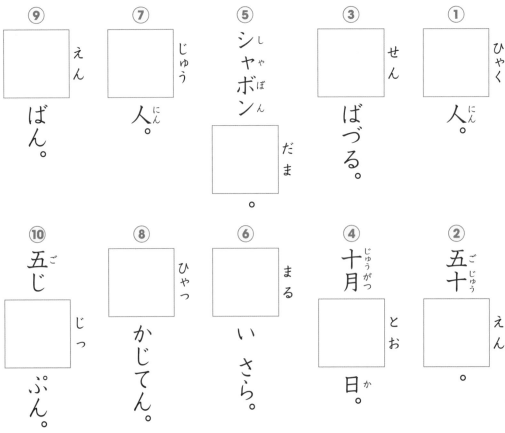

まとめドリル

□ てん

1つ・5てん

1 よみがなに あう かん字《じ》を かきましょう。

① □《いち》年《ねん》生《せい》。

② □《よん》かいに すむ。

③ □《に》まい。

④ □《ご》ばんめ。

⑤ □《ひゃく》てん。

⑥ □《しち》じに おきる。

⑦ □《さん》人《にん》。

⑧ □《く》じに ねる。

⑨ □《えん》ばん。

⑩ □《ひゃっ》かじてん。

2 よみがなに あう かん字《じ》を かきましょう。

① □《ろく》年《ねん》生《せい》。

② □《なな》いろ。

③ □《ここの》つ。

④ 八《はち》月《がつ》□《よう》日《か》。

⑤ □《じゅう》□《えん》。

⑥ シャボン《しゃぼん》□《だま》。

⑦ □《せん》□《えん》。

⑧ □《せん》ばづる。

⑨ □《ち》よがみ。

⑩ □《まる》い さら。

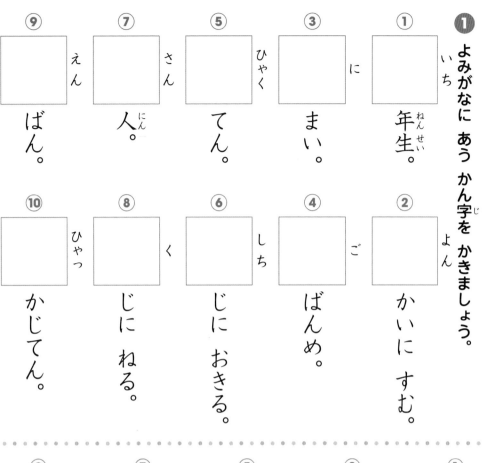

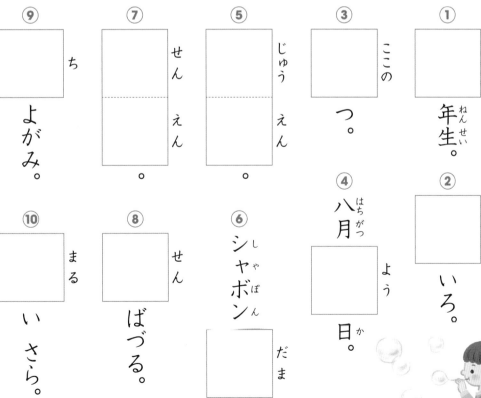

2 よう日《び》を あらわす かん字《じ》

月・火・水・木・金・土・日

月

なりたち

三日《みか》づきの かたちを えがいた字《じ》。

よみかた
ゲツ
ガツ
つき

いみ
・つき
・ひとつき
・げつようび

4かく

れんしゅう
はねる

1 「月」を かきましょう。

お［　］《つき》さま。

［　］《げつ》よう日《び》。

一《いち》［　］《がつ》三日《みっか》。

2 よみがなを かきましょう。

お月さま。（　）

月よう日《び》。（　）

一《いち》月三日《みっか》。（　）

火

なりたち
ほのおが いきおい よく 出《で》て、もえて いる ひの ようすを え がいた 字《じ》。
火

よみかた	いみ
カ ひ （ほ）	・ほのお ・あかり ・かじ ・かようび

4かく

れんしゅう はらう

1 「火」を かきましょう。

□《ひ》が もえる。

きれいな 花□《はなび》。

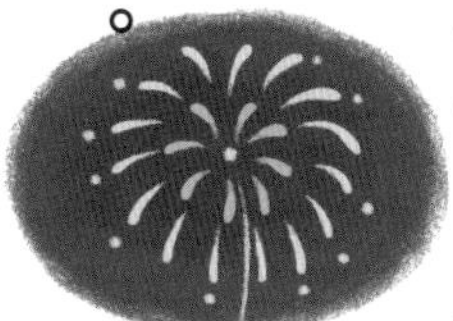

□《か》よう日《び》。

□《か》じを けす。

2 よみがなを かきましょう。

火（　　）が もえる。

きれいな 花火（　　）。

火（　　）よう日《び》。

火（　　）じを けす。

水

なりたち
川《かわ》の みずが ながれ て いく ようすを え がいた 字《じ》。
水

よみかた	いみ
スイ みず	・みず ・みずのような もの ・すいようび

4かく

れんしゅう はねる

1 「水」を かきましょう。

□《みず》を のむ。

□《みず》あそび。

□《すい》よう日《び》。

□《すい》どうの 水《みず》。

2 よみがなを かきましょう。

水（　　）を のむ。

水（　　）あそびを する。

水（　　）よう日《び》。

水（　　）どうの 水《みず》。

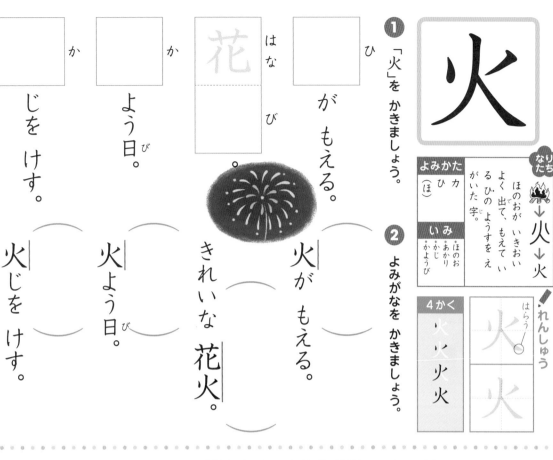

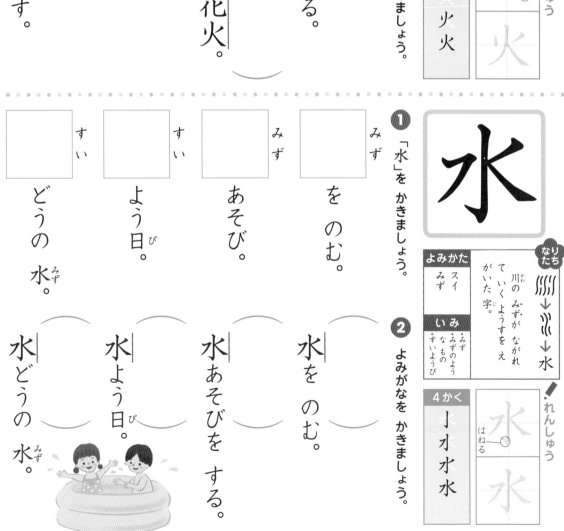

ドリル

てん

1つ・5てん

1 ―せんの かん字《じ》の よみがなを かきましょう。

① （　　）月よう日《び》。

② （　　）火が もえる。

③ （　　）水あそび。

④ （　　）水よう日《び》。

⑤ （　　）一《いち》月三日《みっか》。

⑥ （　　）花火が あがる。

⑦ （　　）水を のむ。

⑧ （　　）火よう日《び》。

⑨ （　　）お月さま。

⑩ （　　）水どうの 水《みず》。

2 よみがなに あう かん字《じ》を かきましょう。

① □《すい》よう日《び》。

② 三《さん》□《がっ》十日《とおか》。

③ 花《はな》□《び》。

④ □《みず》を のむ。

⑤ □《みず》あそび。

⑥ □《ひ》を けす。

⑦ □《げつ》よう日《び》。

⑧ □《つき》の あかり。

⑨ □《か》よう日《び》。

⑩ □《すい》どうの 水《みず》。

木

なりたち
みきと えだと ねっこの 三つ《みっ》で、きの すがたを あらわした 字《じ》。

よみかた	いみ
ボク・モク・き・こ	・き ・ざいもく ・もくようび

4かく 一 十 才 木

れんしゅう はらう

1 「木」を かきましょう。

すぎの □《き》。

□《こ》かげ。

□《もく》よう日《び》。

大《たい》□《ぼく》（おおきい き）。

2 よみがなを かきましょう。

すぎの 木（　　）。

木（　　）かげで 休《やす》む。

木（　　）よう日《び》。

にわの 大木（　　）。

金

なりたち
土《つち》の 中《なか》に ぴかぴか ひかる きんの つぶが ちらばって いる ようすを あらわした 字《じ》。

よみかた	いみ
キン・コン・かね・かな	・きん ・きんぞく ・おかね ・きんようび

8かく ノ 𠆢 亼 仝 全 全 余 金

れんしゅう ながく

1 「金」を かきましょう。

お□《かね》。

□《かな》ぐ。（どうぐなどに とりつける きんぞくで できた もの）

□《きん》いろ。

おう□《ごん》。

2 よみがなを かきましょう。

お金（　　）を はらう。

かばんの 金（　　）ぐ。

金（　　）いろに かがやく。

おう金（　　）の かんむり。

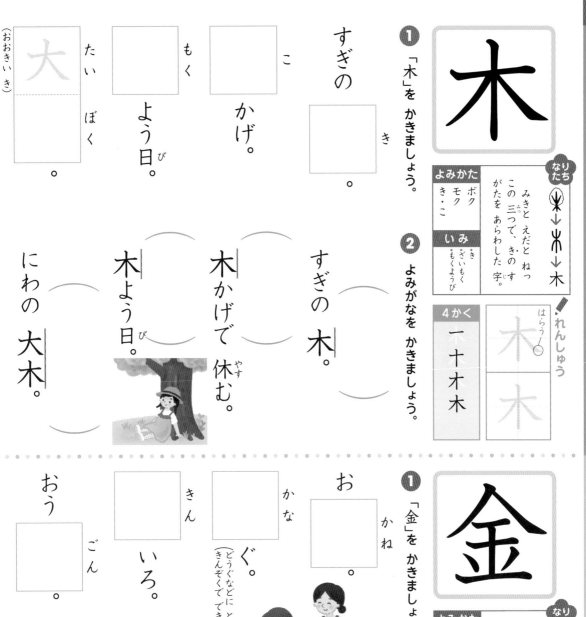

土

なりたち

じめんの つちが たかく もり上《あ》がって いる ようすを えがいた 字《じ》。

よみかた

ド
ト
つち

いみ

・つち
・ひとが すむ ところ
・どようび

3かく

れんしゅう

ながく

1 「土」を かきましょう。

□《つち》を ほる。

□《ど》よう日《び》。

ねん□《ど》。

ひろい □《と》ち。

2 よみがなを かきましょう。

土（　　）を ほる。

土（　　）よう日《び》。

ねん土（　　）で つくる。

ひろい 土（　　）ち。

日

なりたち

かがやく おひさまを えがいた 字《じ》。

よみかた

ニチ
ジツ
ひ・か

いみ

・たいよう
・いちにち
・にっぽん
・にちようび

4かく

れんしゅう

おなじ くらい

1 「日」を かきましょう。

□《ひ》が のぼる。

三《さん》月《がつ》三《みっ》□《か》。

□《にち》よう日《び》。

がん□《じつ》。（いちねんの はじめの ひ）

2 よみがなを かきましょう。

日（　　）が のぼる。

三《さん》月《がつ》三《みっ》日（　　）。

日（　　）よう日《び》。

がん日（　　）の あさ。

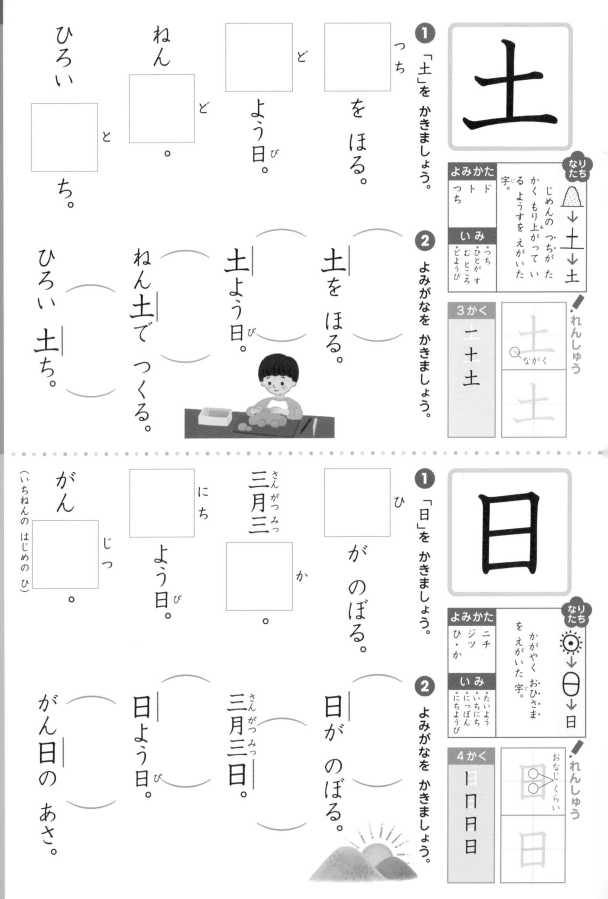

ドリル

てん

1つ・5てん

1 ―せんの かん字《じ》の よみがなを かきましょう。

① すぎの 木（　　）。

② お金（　　）を はらう。

③ 土（　　）を ほる。

④ 日（　　）が のぼる。

⑤ 金（　　）よう日《び》。

⑥ 木（　　）かげで 休《やす》む。

⑦ 三《さん》月《がつ》三《みっ》日（　　）。

⑧ ねん土（　　）ざいく。

⑨ 木（　　）よう日《び》。

⑩ かばんの 金（　　）ぐ。

2 よみがなに あう かん字《じ》を かきましょう。

① □（にち）よう日《び》。

② お□（かね）。

③ □（もく）よう日《び》。

④ □（つち）を ほる。

⑤ □（きん）いろ。

⑥ 七《しち》月《がつ》十《とお》□（か）。

⑦ ねん□（ど）。

⑧ さくらの□（き）。

⑨ 土《ど》よう□（び）。

⑩ おう□（ごん）。

3 大《おお》きさを あらわす かん字《じ》

大・中・小

◎「大《おお》きい」「中《ちゅう》くらい」「小《ちい》さい」のように、ものの 大《おお》きさを あらわす ときに つかうんだね。

大《おお》きい

中《ちゅう》くらい

小《ちい》さい

大

よみかた	いみ
ダイ・タイ おお おおきい おおいに	・おおきい ・たいせつな ・おおい

なりたち

りょう手《て》を ひろげて 立《た》って いる 人《ひと》の すがたを えがいた 字《じ》。おおきい ようす。

大 ↓ 大

3かく

一 ナ 大

れんしゅう

つける

1 「大」を かきましょう。

□《おお》きい 石《いし》。

□《だい》すきな 花《はな》。

□《たい》せつな 本《ほん》。

2 よみがなを かきましょう。

大（　）きい 石《いし》。

大（　）すきな 花《はな》。

大（　）せつな 本《ほん》。

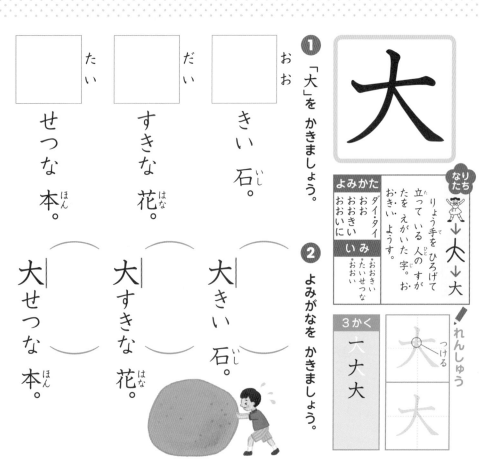

中

なりたち
はたざおを まるい わくの なかに つきとおした かたち。ものの まんなかを あらわす。

よみかた
チュウ ジュウ なか

いみ
•まんなか •あいだ

4かく

れんしゅう

ながく つきだす

1 「中」を かきましょう。

つくえの □《なか》。

まん □《なか》。

水《すい》□《ちゅう》。

一年《いちねん》□《じゅう》。

2 よみがなを かきましょう。

つくえの 中（　　）。

かおの まん中（　　）。

水中（　　）めがね。

一年《いちねん》中（　　）。

小

なりたち
ものを けずった とき、ちいさい かけらが できた ようすを えがいた字《じ》。

よみかた
ショウ ちいさい こ・お

いみ
•ちいさい、せまい、すくない

3かく

れんしゅう

はねる

1 「小」を かきましょう。

□《しょう》学校《がっこう》。

□《ちい》さい 虫《むし》。

□《こ》とり。

□《お》川《がわ》。

2 よみがなを かきましょう。

小（　　）学校《がっこう》へ かよう。

小（　　）さい 虫《むし》。

青《あお》い 小（　　）とり。

小川（　　）の さかな。

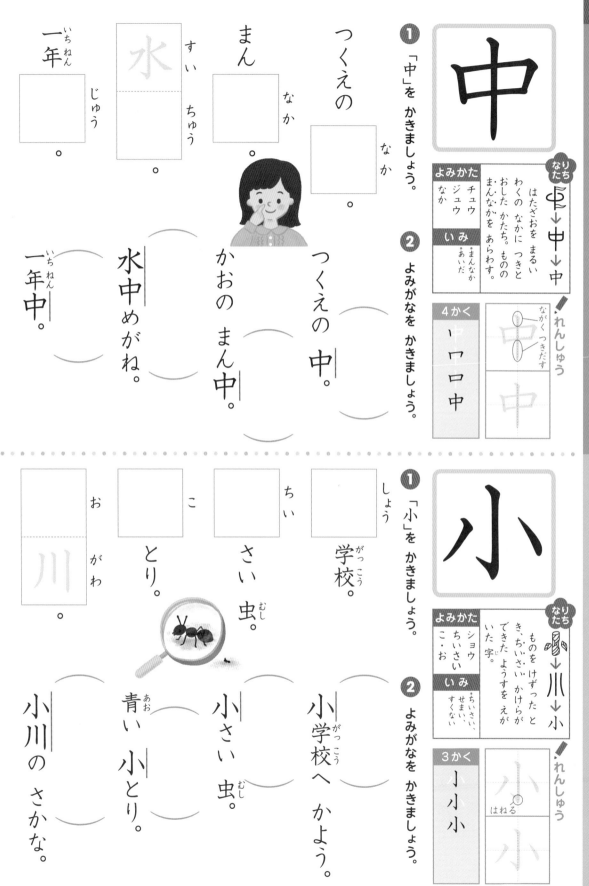

ドリル

□てん
1つ・5てん

❶ ―せんの かん字《じ》の よみがなを かきましょう。

① 小さい 虫《むし》。（　　）

② 大きい 石《いし》。（　　）

③ つくえの 中。（　　）

④ 小学《がっ》校《こう》へ かよう。（　　）

⑤ 一《いち》年《ねん》中。（　　）

⑥ 大すきな 花《はな》。（　　）

⑦ 青《あお》い 小とり。（　　）

⑧ 円《えん》の まん中。（　　）

⑨ 大せつな 本《ほん》。（　　）

⑩ 小川の さかな。（　　）

❷ よみがなに あう かん字《じ》を かきましょう。

① □《しょう》学《がっ》校《こう》。

② □《おお》きな 木《き》。

③ まん□《なか》。

④ □《ちい》さい 子《こ》ども。

⑤ □《だい》すき。

⑥ □□《すいちゅう》めがね。

⑦ □《こ》とり。

⑧ はこの □《なか》。

⑨ □《お》川《がわ》。

⑩ □《たい》せつに する。

まとめドリル

□てん

1つ・5てん

1 よみがなに あう かん字《じ》を かきましょう。

① □《げつ》よう日《び》。

② □《きん》よう日《び》。

③ □《か》よう日《び》。

④ □《にち》よう日《び》。

⑤ □《もく》よう日《び》。

⑥ □《つき》が 出《で》る。

⑦ □《しょう》学校《がっこう》。

⑧ □《みず》を のむ。

⑨ □《だい》すき。

⑩ □《つち》を ほる。

2 よみがなに あう かん字《じ》を かきましょう。

① ねん□《ど》。

② 花《はな》□《び》。

③ ふん□《すい》。

④ □《ちい》さい はこ。

⑤ お□《かね》もち。

⑥ □《おお》きな 木《き》。

⑦ □《こ》とり。

⑧ □《すい》□《ちゅう》めがね。

⑨ □《たい》せつ。

⑩ □《お》川《がわ》の 水《みず》。

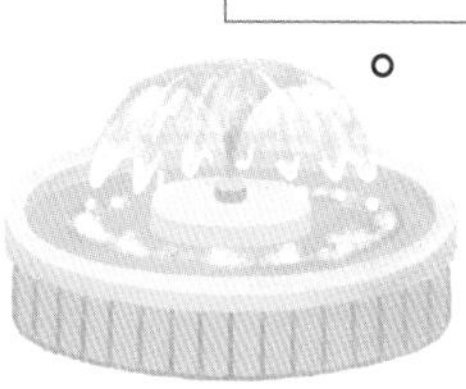

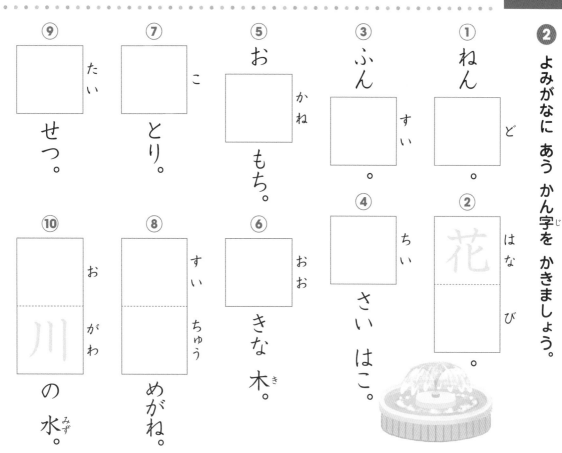

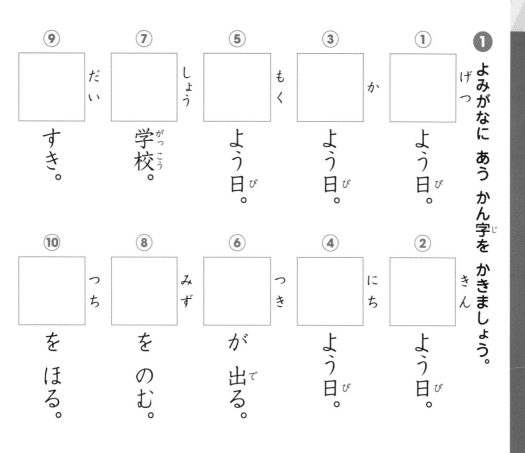

4 むきを あらわす かん字《じ》

上・下・左・右

◎ある ところより、たかい ところに あるのが 「上《うえ》」、ひくい ところに あるのが 「下《した》」だよ。

◎「右《みぎ》」や 「左《ひだり》」は、むきや いちを しめす ことばだよ。この 本《ほん》を ひらいた とき、26ページ《ぺえじ》が 右《みぎ》で、この ページが 左《ひだり》だ。

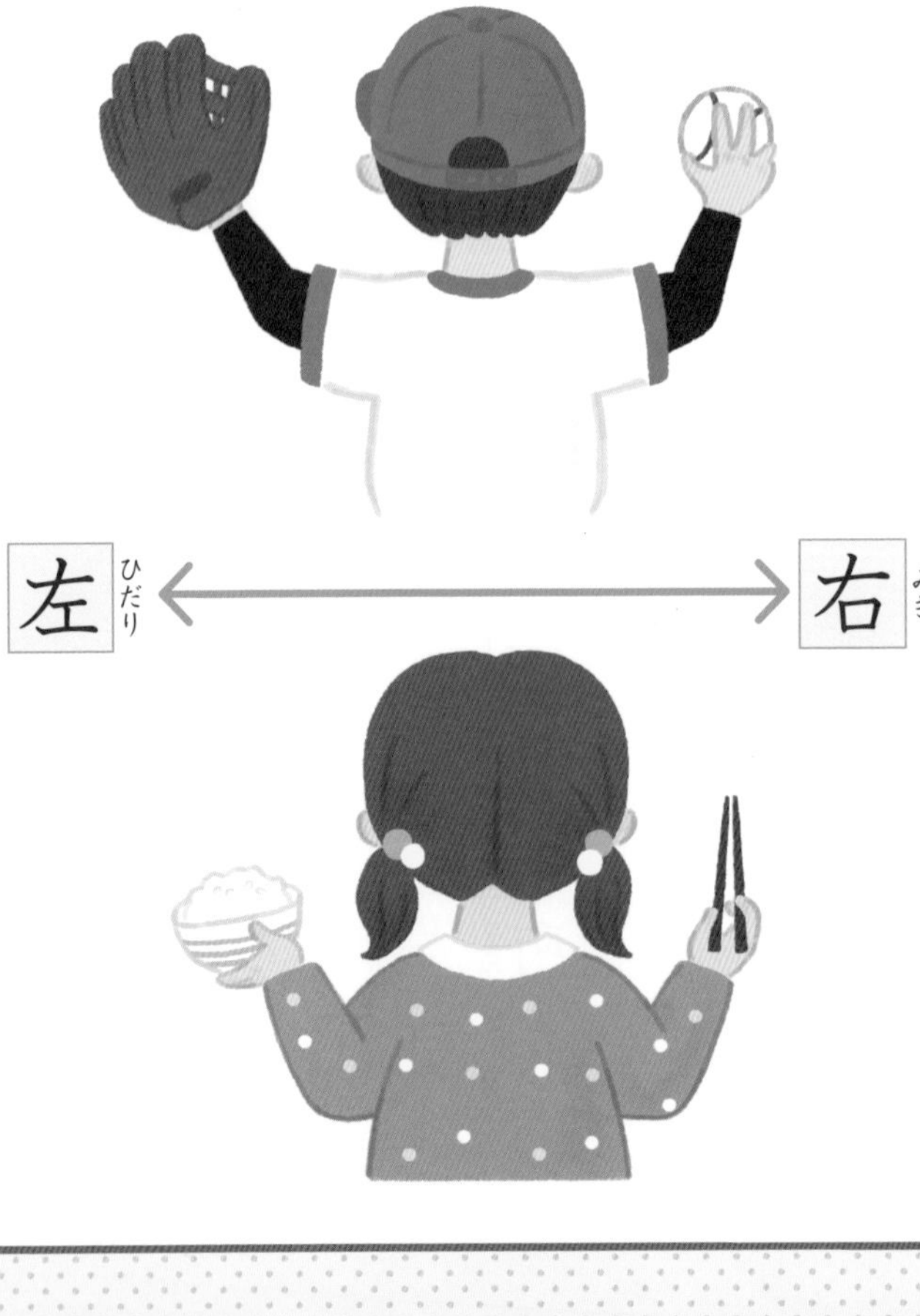

上

なりたち

一本《いっぽん》の せんの うえに「●」の しるしを つけて、ものの うえを あらわした字《じ》。

⊥ → 丄 → 上

よみかた

ジョウ・(ジョウ)
うえ・うわ・かみ
あげる・あがる
のぼる・(のぼせる)
(のぼす)

いみ

•たかい ところ、うえ
•あがる
•そとがわ

3かく

丨 ⺊ 上

れんしゅう

上 つきださない
上

1 「上」を かきましょう。

□《うえ》を 見《み》る。

山《やま》の □《うえ》。

上《うえ》に □《あ》げる。

立《た》ち □《あ》がる。

2 よみがなを かきましょう。

上（　）を 見《み》る。

山《やま》の 上（　）。

上《うえ》に 上（　）げる。

すぐ 立《た》ち上（　）がる。

3 「上」を かきましょう。

□《のぼ》りざか。
※「登りざか」と かく ときも ある。

川《かわ》□《かみ》。
（かわの みずが ながれて くる ほう）

□《うわ》ぎを きる。

水《すい》□《じょう》。
（うみなどの みずの うえ）

□《じょう》きゅう生《せい》。
（がくねんが うえの せいと）

4 よみがなを かきましょう。

上（　）りざか。

川上（　）の 町《まち》。

上（　）ぎを きる。

水上（　）スキー《すきい》。

上（　）きゅう生《せい》。

下

なりたち
一本《いっぽん》の せんの した に「●」の しるしを つけて、ものの したを あらわした 字《じ》。

れんしゅう
とめる

よみかた
カ・ゲ
した・しも・（もと）
さげる・さがる・くだる
くだす・くださる
おろす・おりる

いみ
・ひくい ところ、した
・さがる
・おろす
・かえる

3かく

1 「下」を かきましょう。

□《した》じき。

手《て》を □《さ》げる。

ぶら□《さ》がる。

手《て》を □《お》ろす。

2 よみがなを かきましょう。

下じきを しく。（　　）

手《て》を 下げる。（　　）

ぶら下がる。（　　）

手《て》を 下ろす。（　　）

3 「下」を かきましょう。

下《した》に □《お》りる。

川《かわ》を □《くだ》る。

川□《かわしも》。
（かわの みずが ながれて いく ほう）

ち□《か》てつ。

□校《げこう》。
（がっこうから いえへ かえる こと）

4 よみがなを かきましょう。

下《した》に 下りる。（　　）

川《かわ》を 下る。（　　）

川下へ ながれる。（　　）

ち下てつに のる。（　　）

下校の じかん。（　　）

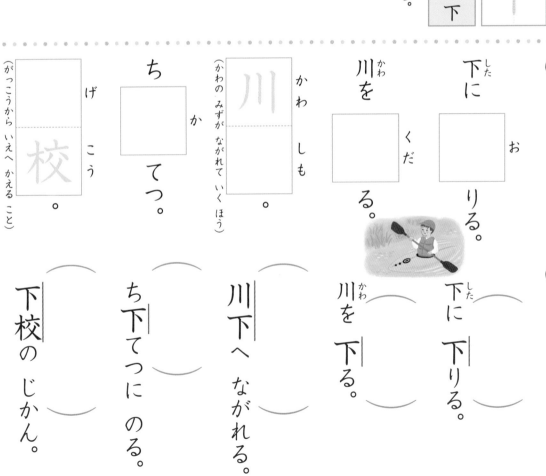

左

なりたち
「ナ（ひだり手《て》）」と「エ（こうさく）」を あわせた 字《じ》。こうさくの とき つかう ひだり手《て》。

ナ ＋ エ → 左

よみかた	いみ
サ ひだり	・ひだり

5かく　一 ナ 左 左 左

れんしゅう　つきださない

1 「左」を かきましょう。

ひだり□の 人《ひと》。

ひだり□手《て》。

ひだり□がわ。

さゆう□右。（ひだりと みぎ）

2 よみがなを かきましょう。

左（　）の 人《ひと》。

左手（　）を あげる。

みちの 左（　）がわ。

左右（　）を 見《み》る。

右

なりたち
「ナ（みぎ手《て》）」と「口（くち）」を あわせた 字《じ》。口《くち》に はしで たべもの を はこぶ みぎ手《て》。

→ 右

よみかた	いみ
ウ ユウ みぎ	・みぎ

5かく　ノ ナ 右 右 右

れんしゅう　はらう

1 「右」を かきましょう。

みぎ□を むく。

みぎ□がわ。

みぎ□足《あし》。

さ左□ゆう。

2 よみがなを かきましょう。

右（　）を むく。

右（　）がわ。

右足（　）で ける。

左右（　）に ゆれる。

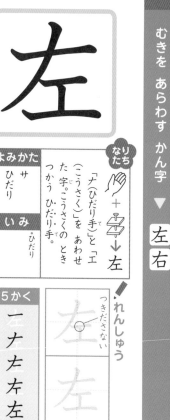

ドリル①

□てん
1つ・5てん

1 ―せんの かん字《じ》の よみがなを かきましょう。

① 上を 見《み》る。（　）
② 下じきを しく。（　）
③ 左に まがる。（　）
④ 右を むく。（　）
⑤ 川《かわ》を 下る。（　）
⑥ 立《た》ち上がる。（　）
⑦ 右がわ。（　）
⑧ 左右を 見《み》る。（　）
⑨ 水上スキー《すきい》。（　）
⑩ 手《て》を 下ろす。（　）

2 よみがなに あう かん字《じ》を かきましょう。

① □《ひだり》手《て》。
② 山《やま》の □《うえ》。
③ □《みぎ》を むく。
④ ぶら□《さ》がる。
⑤ □《のぼ》りざか。
⑥ □《ひだり》がわ。
⑦ □《みぎ》足《あし》。
⑧ 下《した》に □《お》りる。
⑨ □《さ》□《ゆう》。
⑩ □《うわ》ぎを きる。

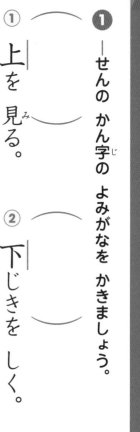

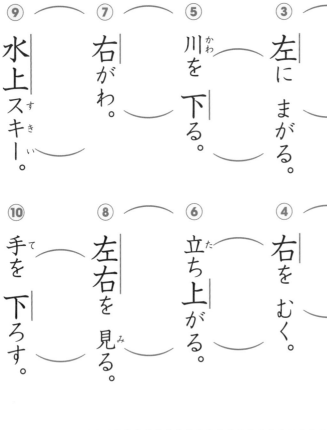

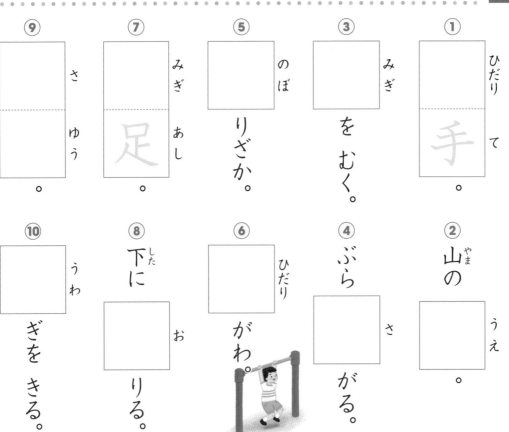

ドリル②

1つ・5てん　　てん

1 ―せんの かん字《じ》の よみがなを かきましょう。

① 手《て》を 下げる。（　）
② 左手を 上《あ》げる。（　）
③ 山《やま》の 上。（　）
④ 右足で ける。（　）
⑤ 左がわ。（　）
⑥ 下《した》に 下りる。（　）
⑦ 上りざか。（　）
⑧ 左右に ゆれる。（　）
⑨ ち下てつ。（　）
⑩ 上ぎを きる。（　）

2 よみがなに あう かん字《じ》を かきましょう。

① □（した）じき。
② □（うえ）を 見《み》る。
③ □（じょう）きゅう生《せい》。
④ 手《て》を □（さ）げる。
⑤ □（みぎ）がわ。
⑥ 上《うえ》に □（あ）げる。
⑦ 川（かわ）□（しも）。
⑧ ち□（か）てつ。
⑨ 川（かわ）□（かみ）。
⑩ □（げ）校（こう）する。

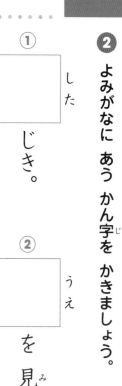

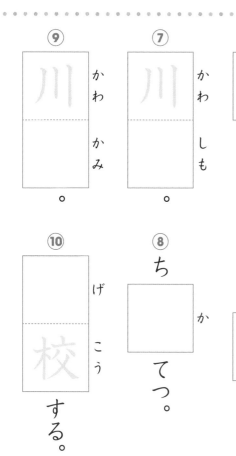

5 いろを あらわす かん字《じ》

◎いろを あらわす ことばの、かん字《じ》を いっしょに おぼえよう。

◎二年生《にねんせい》では、「茶色《ちゃいろ》」「黒《くろ》」「黄色《きいろ》」と いう かん字《じ》を ならうよ。

白・赤・青

白

よみかた	いみ
ハク（ビャク） しろ・しら しろい	・ゆきのような いろ、しろ

なりたち

どんぐりの みを えがいた字《じ》。どんぐりの 中《なか》みが しろい ことから、しろい いろを あらわす。

5かく

白 白 白 白 白

れんしゅう

はらう

白 白

1 「白」を かきましょう。

しろ［　　］い かみ。

しら［　　］木。

（かわを けずった ままの き）

はく［　　］ちょう。

2 よみがなを かきましょう。

白（　　）い かみ。

白木（　　）の たんす。

白（　　）ちょう。

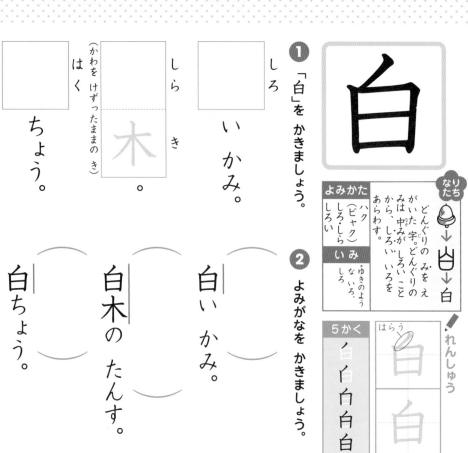

赤

なりたち
「土(人《ひと》が 手《て》を ひろげて いる ようす。大《おお》きい)」と「灬(ひ)」を あわせた 字《じ》。大《おお》きな ほのおを 出《だ》して もえて いる あかい いろを あらわす。

よみかた
セキ
(シャク)
あか・あかい
あからむ
あからめる

いみ
・あか、あかい

7かく
一 十 土 赤 赤 赤 赤

れんしゅう
赤 (はねる)
赤

1 「赤」を かきましょう。

あか　□い 花《はな》。

あか　□ぐみ。

あか　□しんごう。

せき　□はん。
(もちごめに、あずきを いれて むした ごはん。おいわいの ときなどに つくって たべる)

2 よみがなを かきましょう。

赤(　　)い 花《はな》。

赤(　　)ぐみが かつ。

赤(　　)しんごう。

赤(　　)はんを たべる。

青

なりたち
もとの 字《じ》は「青」。「龶(きれいな 草《くさ》の めばえ)」と「円(いどの 水《みず》)」を あわせた 字《じ》。きれいな 中《なか》の すんだ 水《みず》の いろ。

よみかた
セイ
(ショウ)
あお
あおい

いみ
・すんだ みずの いろ、くさの いろ、あお

8かく
一 十 龶 龶 龶 青 青 青

れんしゅう
青 (はねる)
青

1 「青」を かきましょう。

あお　□い うみ。

あお　□空《ぞら》。

あお　□しんごう。

せい　□年《ねん》。
(としの わかい ひと)

2 よみがなを かきましょう。

青(　　)い うみ。

青空(　　)が ひろがる。

青(　　)しんごう。

青年(　　)の すがた。

ドリル

てん

1つ・5てん

1 ―せんの かん字《じ》の よみがなを かきましょう。

① 白い くも。（　　）

② 青しんごう。（　　）

③ 赤い 花《はな》。（　　）

④ 赤ぐみと 白《しろ》ぐみ。（　　）（　　）

⑤ 青い うみ。（　　）

⑥ 白ちょう。（　　）

⑦ 赤はんを たく。（　　）

⑧ えのぐの 白。（　　）

⑨ 白い かみ。（　　）

⑩ 青空が ひろがる。（　　）

2 よみがなに あう かん字《じ》を かきましょう。

① □《あお》い うみ。

② □《しろ》い ゆき。

③ □《あか》ぐみ。

④ □《あお》いろ。

⑤ □《あお》空《ぞら》。

⑥ □《はく》ちょう。

⑦ □《あか》い 花《はな》。

⑧ □《しろ》い くも。

⑨ □《せき》はん。

⑩ □《あお》しんごう。

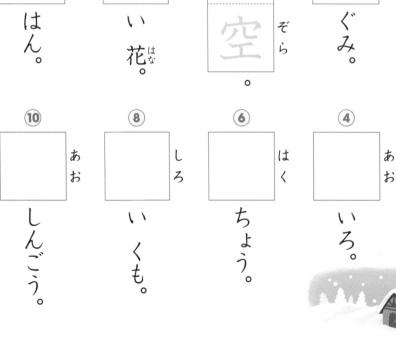

まとめドリル

□ てん

1つ・5てん

1 よみがなに あう かん字《じ》を かきましょう。

① 木《き》の□《うえ》。

② テーブル《てえぶる》の□《した》。

③ □《みぎ》がわ。

④ □《あお》い うみ。

⑤ □《ひだり》がわ。

⑥ すこし□《さ》がる。

⑦ □《しろ》ぐみ。

⑧ 川《かわ》を□《のぼ》る。

⑨ □《あか》い 花《はな》。

⑩ ち□《か》てつ。

2 よみがなに あう かん字《じ》を かきましょう。

① □《あお》空《ぞら》。

② □《せき》はん。

③ 川《かわ》□《かみ》。

④ □《はく》ちょう。

⑤ □《あか》とんぼ。

⑥ おき□《あ》がる。

⑦ □《さ》□《ゆう》。

⑧ こしを□《お》ろす。

⑨ □《じょう》□《げ》。

⑩ 川《かわ》を□《くだ》る。

6 しぜんや 天気に つながりの ある かん字《じ》

山・川・石・田・林・森・
空・雨・天・気・夕

◎えを 見《み》て、なかまの
かん字《じ》を いっしょに
おぼえよう。

天気《てんき》

雨《あめ》

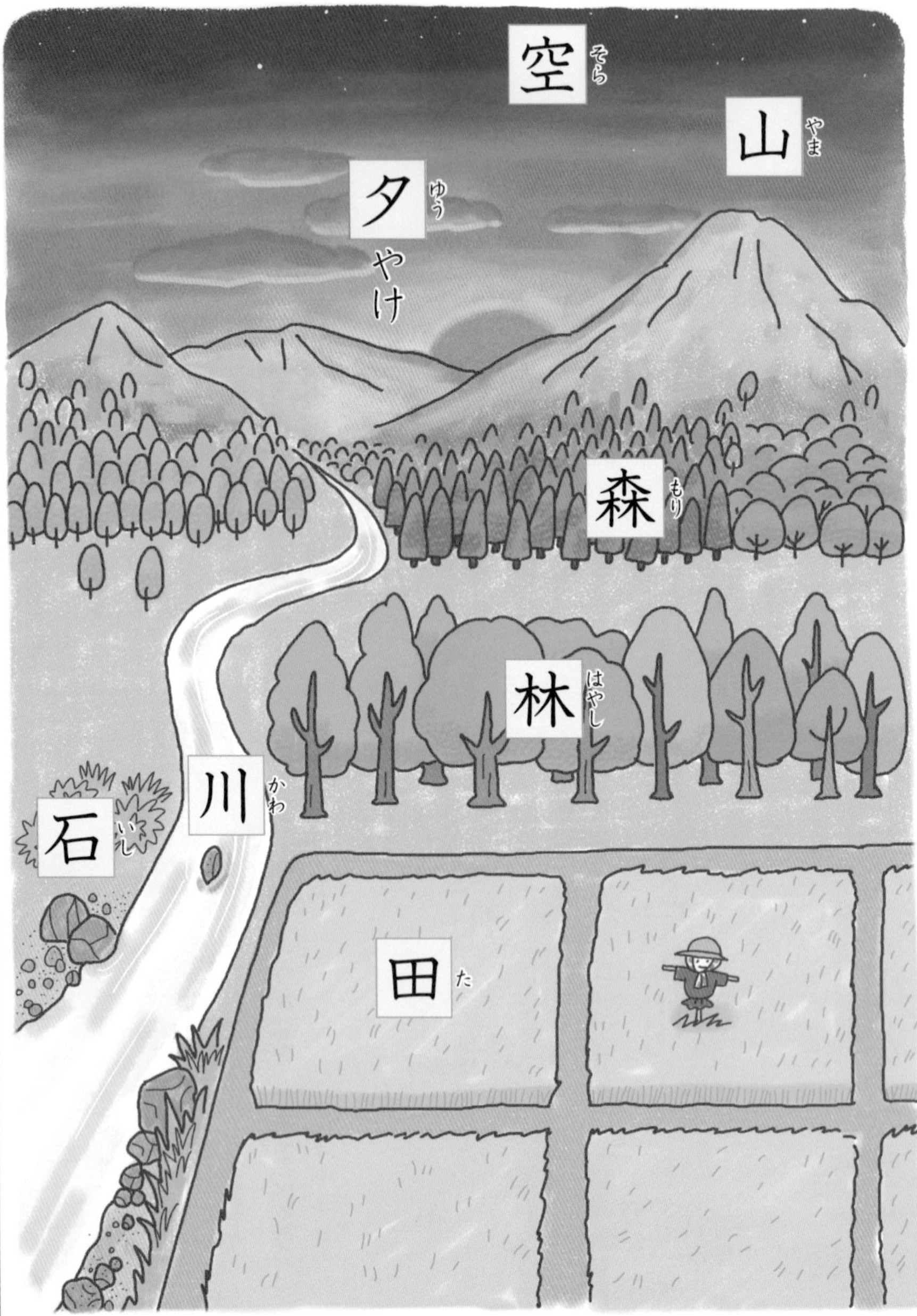

山

なりたち
三《みっ》つの みねが ある やまの かたちを えがいた 字《じ》。
（山 のなりたちの絵 → 山）

よみかた
サン
やま

いみ
・とちが たかく もりあがって いる ところ

3かく 丨 山 山

れんしゅう 山 山（おる）

1 「山」を かきましょう。

たかい □《やま》。

□《やま》のぼり。

ふじ □《さん》。

火《か》□《ざん》。

2 よみがなを かきましょう。

たかい 山。（　　）

山のぼり。（　　）

ふじ山が 見《み》える。（　　）

火山の ふん火《か》。（　　）

川

なりたち
土手《どて》の あいだを ながれる かわを えがいた 字《じ》。
（川 のなりたちの絵 → 川）

よみかた
（セン）
かわ

いみ
・みずの ながれ

3かく 丿 川 川

れんしゅう 川 川（はらう）

1 「川」を かきましょう。

□《かわ》の 水《みず》。

天《あま》の □《がわ》。

小《お》□《がわ》。

□《かわ》上《かみ》。

2 よみがなを かきましょう。

川の 水《みず》。（　　）

天《あま》の 川。（　　）

小川が ながれる。（　　）

川上へ 上《のぼ》る。（　　）

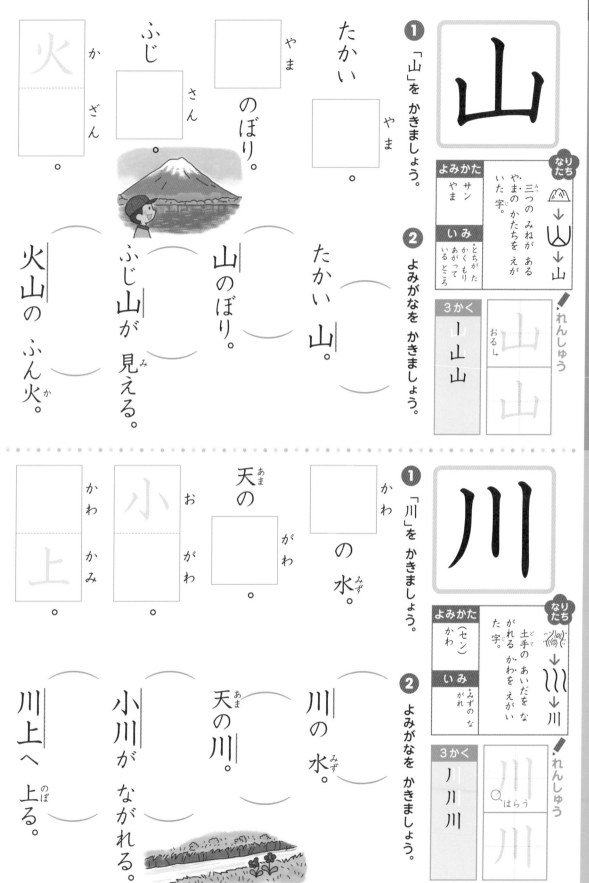

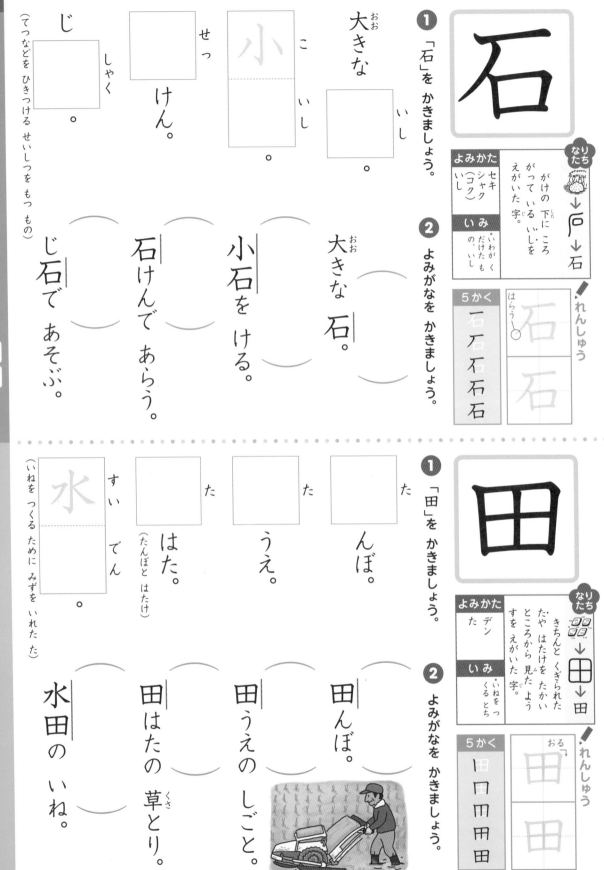

石

なりたち

がけの 下《した》に ころがって いる いしを えがいた 字《じ》。

よみかた

セキ
シャク（コク）
いし

いみ

・いわが くだけた もの、いし

✏ **れんしゅう**

5かく　一 ア 不 石 石

はらう

❶ 「石」を かきましょう。

大《おお》きな □《いし》。

小□《こいし》。

□《せっ》けん。

じ□《しゃく》。

（てつなどを ひきつける せいしつを もつ もの）

❷ よみがなを かきましょう。

大《おお》きな 石（　　）。

小石（　　）を ける。

石（　　）けんで あらう。

じ石（　　）で あそぶ。

田

なりたち

きちんと くぎられた たや はたけを たかい ところから 見《み》た ようすを えがいた 字《じ》。

よみかた

デン
た

いみ

・いねを つくる とち

✏ **れんしゅう**

5かく　丨 冂 ⺆ 田 田

おる

❶ 「田」を かきましょう。

□《た》んぼ。

□《た》うえ。

□《た》はた。

（たんぼと はたけ）

水□《すいでん》。

（いねを つくる ために みずを いれた た）

❷ よみがなを かきましょう。

田（　　）んぼ。

田（　　）うえの しごと。

田（　　）はたの 草《くさ》とり。

水田（　　）の いね。

ドリル

□てん

1つ・5てん

1 ―せんの かん字《じ》の よみがなを かきましょう。

① 山のぼり。（　　）

② 小《ちい》さな 石ころ。（　　）

③ 川の 水《みず》。（　　）

④ 田うえを する。（　　）

⑤ 白《しろ》い 石けん。（　　）

⑥ 山が 見《み》える。（　　）

⑦ 田んぼの 水《みず》。（　　）

⑧ 小川が ながれる。（　　）

⑨ 小石を ける。（　　）

⑩ 火山の ふん火《か》。（　　）

2 よみがなに あう かん字《じ》を かきましょう。

① □《た》んぼ。

② たかい □《やま》。

③ □《いし》ころ。

④ 天《あま》の □《がわ》。

⑤ ふじ □《さん》。

⑥ □□《こいし》。

⑦ □《かわ》の 水《みず》。

⑧ □《た》うえ。

⑨ □《せっ》けん。

⑩ □《やま》のぼり。

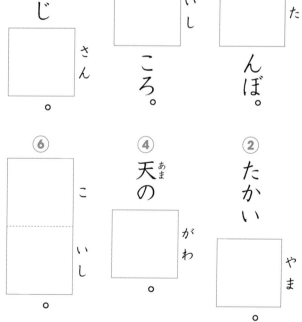

林

なりたち
「木(き)」を 二《ふた》つ ならべて、木《き》が たくさん 生《は》えて いる はやしを あらわした 字《じ》。

よみかた
リン
はやし

いみ
・きが たくさん はえて いる ところ、はやし

8かく

れんしゅう（とめる）

1 「林」を かきましょう。

はやし［　］の 中《なか》。

まつ ばやし［　］。

りん［　］かん学校《がっこう》。（なつに やまなどで せいかつして、からだを きたえながら べんきょうする こと）

山 さん りん［　］。（やまの なかの はやし）

2 よみがなを かきましょう。

林の 中《なか》の こや。

まつ林。

林かん学校《がっこう》。

山林が つづく。

森

なりたち
「木(き)」を 三《みっ》つ あわせた 字《じ》。木《き》が たくさん おいしげる もりを あらわした 字《じ》。

よみかた
シン
もり

いみ
・きが たくさん はえて いる ところ、もり

12かく

れんしゅう（とめる）

1 「森」を かきましょう。

大《おお》きな もり［　］。

もり［　］の 木《き》。

もり［　］の どうぶつ。

しん りん［　］林。

2 よみがなを かきましょう。

大《おお》きな 森。

森の 木《き》。

森の どうぶつ。

カナダ《かなだ》の 森林。

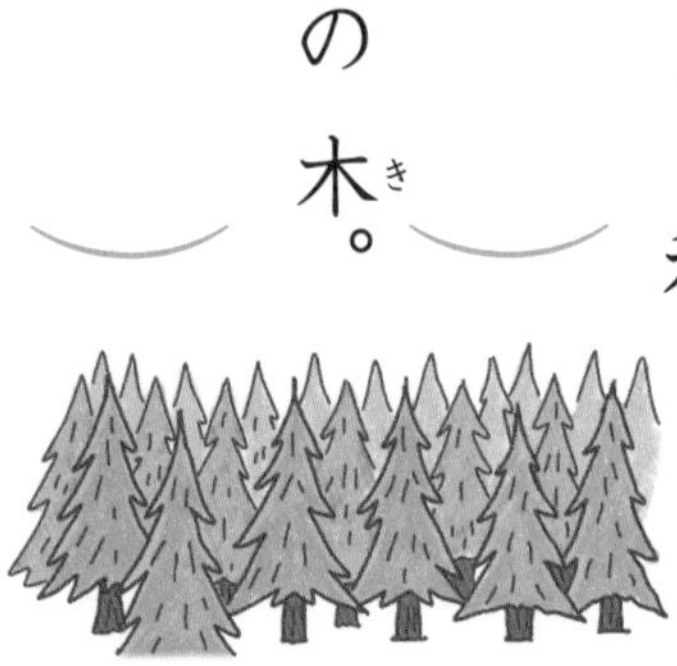

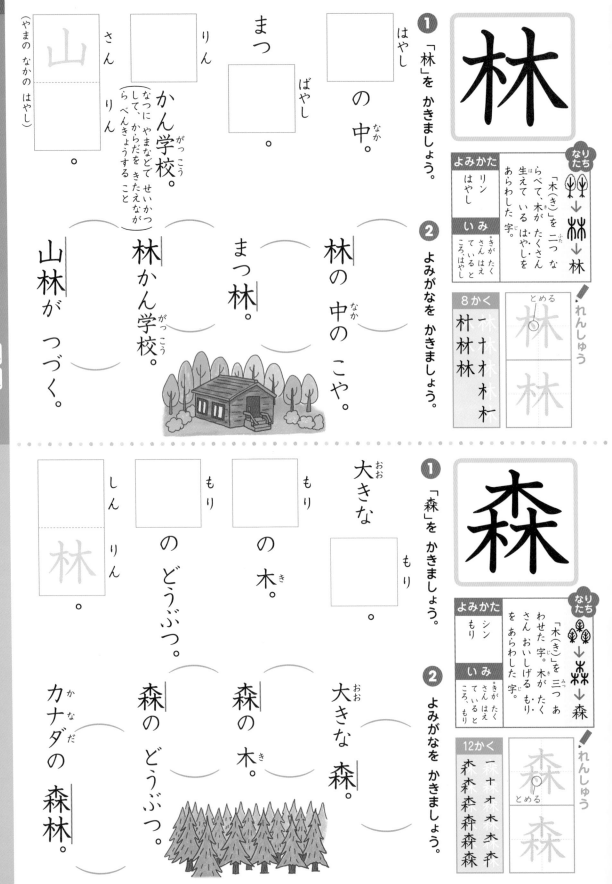

空

なりたち
「穴(あな)」と「工(いたを つらぬく)」を あわせた 字《じ》。あなが つきぬけて 中《なか》に なにも ない ことから、からっぽの こと。

よみかた	いみ
クウ そら・あく あける から	●そら ●なかみがない、から

8かく
空 空 空 空 空 空 空 空

れんしゅう
まげる
空 空

1 「空」を かきましょう。

青《あお》い □《そら》。

□《から》っぽ。

□《あ》きばこ。

□《くう》気《き》。

2 よみがなを かきましょう。

青《あお》い 空。（　　）

空っぽに なる。（　　）

空きばこ。（　　）

空気を すう。（　　）

雨

なりたち

空《そら》から ふって くる あめの ようすを えがいた 字《じ》。てんてんは、あめの つぶの こと。

よみかた	いみ
ウ あめ あま	●そらから ふって くる みずの つぶ

8かく
雨 雨 雨 雨 雨 雨 雨 雨

れんしゅう
はねる
雨 雨

1 「雨」を かきましょう。

□《あめ》が ふる。

大《おお》□《あめ》。

□《あま》やどり。

ふう□《う》。（かぜと あめ）

2 よみがなを かきましょう。

雨が ふる。（　　）

大雨に なる。（　　）

雨やどり。（　　）

はげしい ふう雨。（　　）

ドリル

てん

1つ・5てん

1 ―せんの かん字《じ》の よみがなを かきましょう。

① 大雨（　　）が ふる。

② 青《あお》い 空（　　）。

③ 大《おお》きな 森（　　）。

④ 雨（　　）やどり。

⑤ 空気（　　）を すう。

⑥ 森（　　）の 中《なか》の みち。

⑦ まつ林（　　）。

⑧ 空（　　）きばこ。

⑨ 雨（　　）と かぜ。

⑩ 林（　　）かん学校《がっこう》。

2 よみがなに あう かん字《じ》を かきましょう。

① □（もり）の 木《き》。

② たかい □（そら）。

③ □（あめ）が ふる。

④ 白《しら》かばの □（はやし）。

⑤ □（から）っぽ。

⑥ □（もり）の みち。

⑦ □（はやし）の 中《なか》。

⑧ □（あま）やどり。

⑨ □□（おおあめ）。

⑩ □気（くうき）。

天

なりたち
「一(いち)」と「大(おおきい)」を あわせた 字《じ》。りょう手《て》を ひろげた 人《ひと》の 上《うえ》に せんを つけ、あたまの 上《うえ》の てんを あらわす。

よみかた	いみ
テン (あめ) あま	●おおぞら、そらもよう

れんしゅう 4かく
一 ニ チ 天
したより ながく

1 「天」を かきましょう。

［てん］まで とどく。

［てん］［き］(気)。

［う］(雨)［てん］。(あめが ふる そらの こと)

［あま］の 川《がわ》。

2 よみがなを かきましょう。

天まで とどく。(　　)

天気が よい。(　　)

雨天。(　　)

天の 川《がわ》。(　　)

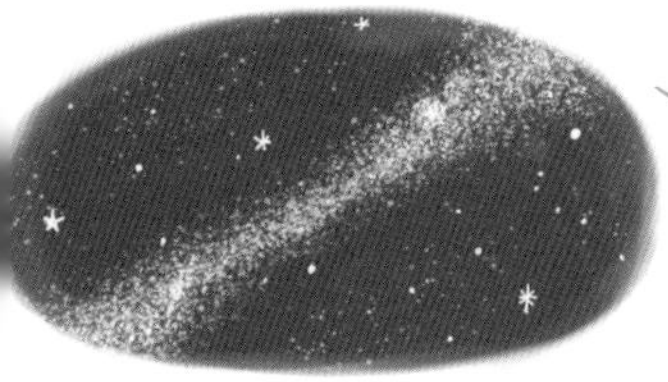

気

なりたち
もとの 字《じ》は「氣」。「气(ゆげが 出《で》る ようす)」と「米(こめ)」を あわせた 字《じ》。こめを たく ときに 出《で》る ゆげ を あらわした 字《じ》。

よみかた	いみ
キ ケ —	●くうき ●ガス ●こころの はたらき

れんしゅう 6かく
気 ノ ㇒ 㐅 气 気 気
はねる

1 「気」を かきましょう。

［き］を つける。

［くう］(空)［き］。

［き］もち。

ふろの ゆ［げ］。

2 よみがなを かきましょう。

車《くるま》に 気を つける。(　　)

空気を すう。(　　)

うれしい 気もち。(　　)

ふろの ゆ気。(　　)

夕

なりたち

☽ → 夕 → 夕

三日月《みかづき》の かたちを えがいた 字《じ》。三日月《みかづき》が 出《で》て いる ゆうがたを あらわした 字《じ》。

よみかた	いみ
（セキ） ゆう	◦ひが くれてから よるに なるまで

3かく

ノ ク 夕

れんしゅう

夕 はらう

夕

1 「夕」を かきましょう。

□《ゆう》がた。

□《ゆう》やけ。

□《ゆう》ごはん。

□《ゆう》日《ひ》。

2 よみがなを かきましょう。

夕（　　）がたに なる。

夕（　　）やけの 空《そら》。

夕（　　）ごはん。

夕日（　　）が しずむ。

ものの かたちから できた かん字《じ》

上《うえ》の 「夕」と いう かん字《じ》は、三日月《みかづき》の かたちを えがいた えから できました。かん字《じ》の 中《なか》には、ものの かたちから できた ものが あります。つぎの えの 中《なか》に、かん字《じ》で あらわせる ものが あります。さがして みましょう。

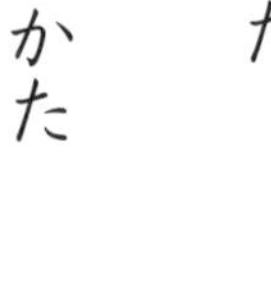

こたえ 〈れい〉日・山・川・水・林・田・竹

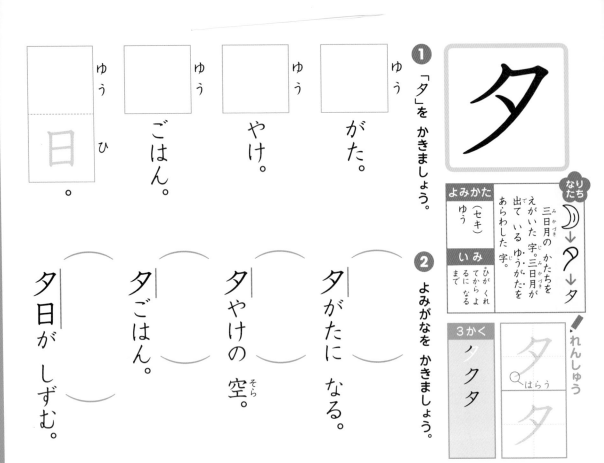

ドリル

1つ・5てん

てん

1 ―せんの かん字《じ》の よみがなを かきましょう。

① ふろの ゆ気。

② 気を つける。

③ 夕やけの 空《そら》。

④ 天気よほう。

⑤ 空気を すう。

⑥ 夕がたに なる。

⑦ 天の川《がわ》。

⑧ かなしい 気もち。

⑨ 赤《あか》い 夕日。

⑩ 天まで とどく。

2 よみがなに あう かん字《じ》を かきましょう。

① □（ゆう）やけ。

② □（あま）の川《がわ》。

③ □（き）もち。

④ □（ゆう）がた。

⑤ □□（うてん）。

⑥ □（き）を つける。

⑦ □（ゆう）ごはん。

⑧ □□（ゆうひ）。

⑨ □□（くうき）。

⑩ よい □□（てんき）。

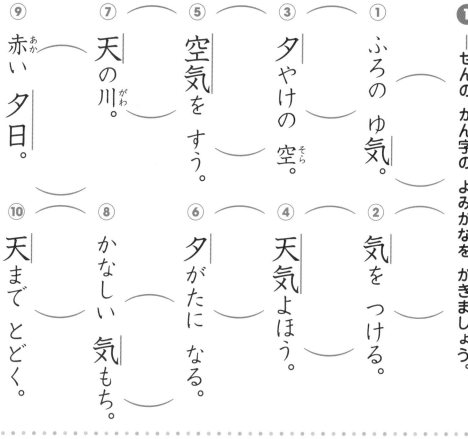

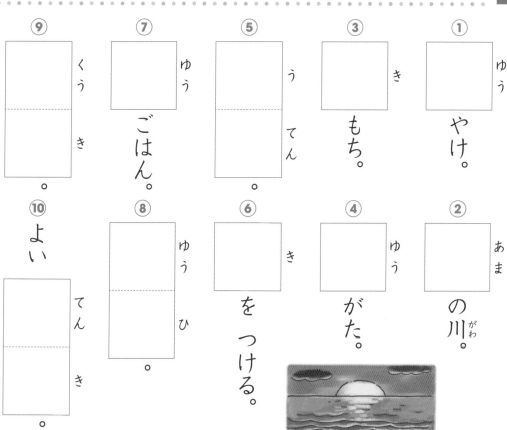

まとめドリル

□てん
1つ・5てん

1 よみがなに あう かん字《じ》を かきましょう。

① □《かわ》の 水《みず》。

② まるい □《いし》。

③ □《やま》のぼり。

④ □《もり》の どうぶつ。

⑤ □《た》んぼ。

⑥ □《あめ》が ふる。

⑦ まつ□《ばやし》。

⑧ □《あ》きばこ。

⑨ □《ゆう》がた。

⑩ じ□《しゃく》。

2 よみがなに あう かん字《じ》を かきましょう。

① □《き》もち。

② □《あお》□《ぞら》。

③ □《た》うえ。

④ □《お》□《がわ》。

⑤ □《せっ》けん。

⑥ □《ゆう》□《ひ》。

⑦ □《から》っぽ。

⑧ よい □《てん》□《き》。

⑨ □《あま》やどり。

⑩ 山《やま》の □《しん》□《りん》。

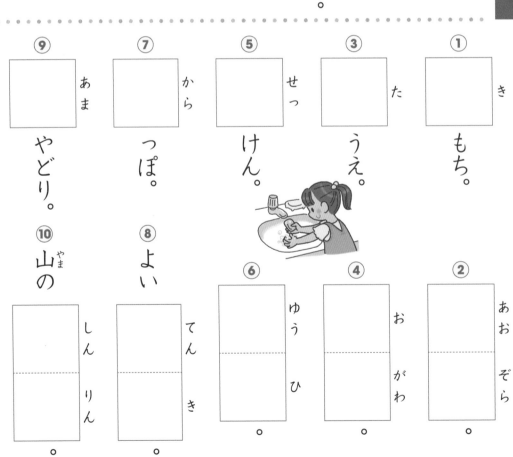

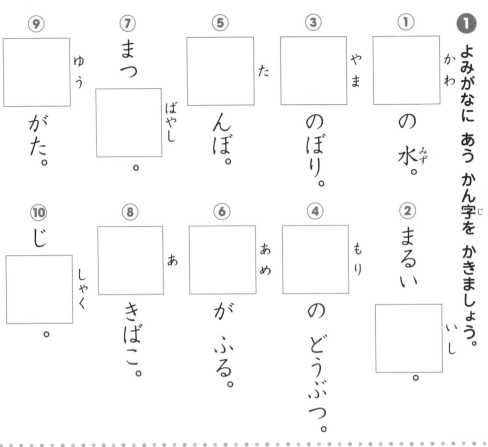

7 どうぶつを あらわす かん字《じ》

犬・虫・貝

◎どうぶつを あらわす かん字《じ》を おぼえよう。

犬《いぬ》

虫《むし》

貝《かい》

◎二年生《にねんせい》では、「牛《うし》」「馬《うま》」「魚《さかな》」「鳥《とり》」なども ならうよ。

犬

なりたち
いぬの かたちを えがいた字《じ》。

よみかた	いみ
ケン いぬ	・いぬ

4かく
一 ナ 大 犬

れんしゅう
わすれずに
犬 犬

1 「犬」を かきましょう。

白《しろ》い □《いぬ》。

子《こ》 □《いぬ》。

けいさつ □《けん》。

2 よみがなを かきましょう。

白《しろ》い 犬（　　）。

子犬（　　）を かう。

けいさつ犬（　　）。

虫

なりたち
あたまの 大《おお》きい へびや、いもむしなどを えがいた 字《じ》。

よみかた	いみ
チュウ むし	●こんちゅうなどの ちいさな どうぶつ

6かく 虫
丨 口 中 虫 虫 虫

れんしゅう 虫 とめる 虫

1 「虫」を かきましょう。

□《むし》を とる。

□《むし》かご。

こん□《ちゅう》。

よう□《ちゅう》。
（たまごから かえって おとなに なる まえの むし）

2 よみがなを かきましょう。

虫（　）を とる。

虫（　）かごに 入《い》れる。

こん虫（　）さいしゅう。

ちょうの よう虫（　）。

貝

なりたち
はまぐりや あさりなどの かいの かたちを えがいた 字《じ》。

よみかた	いみ
かい	●かい ●かいがら

7かく 貝
丨 冂 冂 目 目 貝 貝

れんしゅう 貝 とめる 貝

1 「貝」を かきましょう。

□《かい》を ひろう。

□《かい》がら。

まき□《がい》。

□《かい》ばしら。
（にまいがいの かいがらを とじひらきする きんにく）

2 よみがなを かきましょう。

貝（　）を ひろう。

きれいな 貝（　）がら。

まき貝（　）。

貝（　）ばしら。

ドリル

□てん

1つ・5てん

1 ―せんの かん字《じ》の よみがなを かきましょう。

① 虫を とる。( )

② 子犬を かう。( )

③ 貝を ひろう。( )

④ 虫とりあみ。( )

⑤ 白《しろ》い 犬。( )

⑥ 貝がら。( )

⑦ こん虫ずかん。( )

⑧ けいさつ犬。( )

⑨ まき貝。( )

⑩ よう虫。( )

2 よみがなに あう かん字《じ》を かきましょう。

① □《むし》かご。

② □《かい》がら。

③ 白《しろ》い □《いぬ》。

④ こん □《ちゅう》。

⑤ □《かい》ひろい。

⑥ けいさつ □《けん》。

⑦ よう □《ちゅう》。

⑧ まき □《がい》。

⑨ □《いぬ》ごや。

⑩ □《むし》めがね。

8 草木《くさき》を あらわす かん字《じ》

花・草・竹

花《はな》
竹《たけ》

「木」は、20ページ《ぺえじ》に 出《で》て いるよ。

花

なりたち
「艹(くさ)」と「化(すがたを かえる)」を あわせた 字《じ》。つぼみから はなへ、すがたが かわる 草《くさ》や 木《き》の はなを あらわした 字。

よみかた	いみ
カ はな	・くさきが えだや くきに さかせる もの

7かく
一 十 艹 艹 芢 芲 花

れんしゅう
花 花 (はねる)

❶ 「花」を かきましょう。

□《はな》が さく。

□《はな》火《び》。

□《か》びん。

❷ よみがなを かきましょう。

花(　　)が さく。

きれいな 花火(　　)。

ガラス《がらす》の 花(　　)びん。

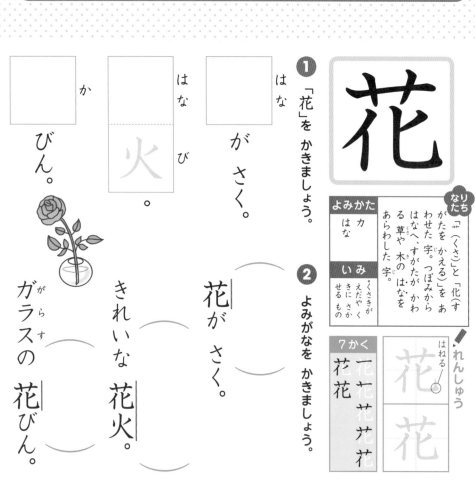

草

なりたち
「艹（くさ）」と「早（くぬぎの み）」を あわせた 字。「ソウ」と いう 音《おと》が おなじ ことから、「早」の 字《じ》を つけて、「草」の 字《じ》に なった。

よみかた	いみ
ソウ くさ	・くさ

9かく
一 十 廾 艹 芇 苩 苩 荁 草

れんしゅう
草 草（ながく）

1 「草」を かきましょう。

□《くさ》が 生《は》える。

□《くさ》花《ばな》。

ざっ□《そう》。

□《そう》げん。
（くさが はえて いる ひろびろと した ところ）

2 よみがなを かきましょう。

草（　）が 生《は》える。

にわの 草花（　）。

ざっ草（　）を むしる。

みどりの 草げん（　）。

竹

なりたち
二本《にほん》の たけが 生《は》えて いる ようすを えがいた 字《じ》。

よみかた	いみ
チク たけ	・くきの なかは からで ふしが ある、たけ

6かく
ノ ㇑ 㐅 竹 竹 竹

れんしゅう
竹 竹（はねる）

1 「竹」を かきましょう。

□《たけ》やぶ。

□《たけ》の 子《こ》。

□《たけ》ざお。

□《ちく》林《りん》。

2 よみがなを かきましょう。

竹（　）やぶに 入《はい》る。

竹（　）の 子《こ》。

竹（　）ざお。

しずかな 竹林（　）。

※「たけばやし」とも よむ。

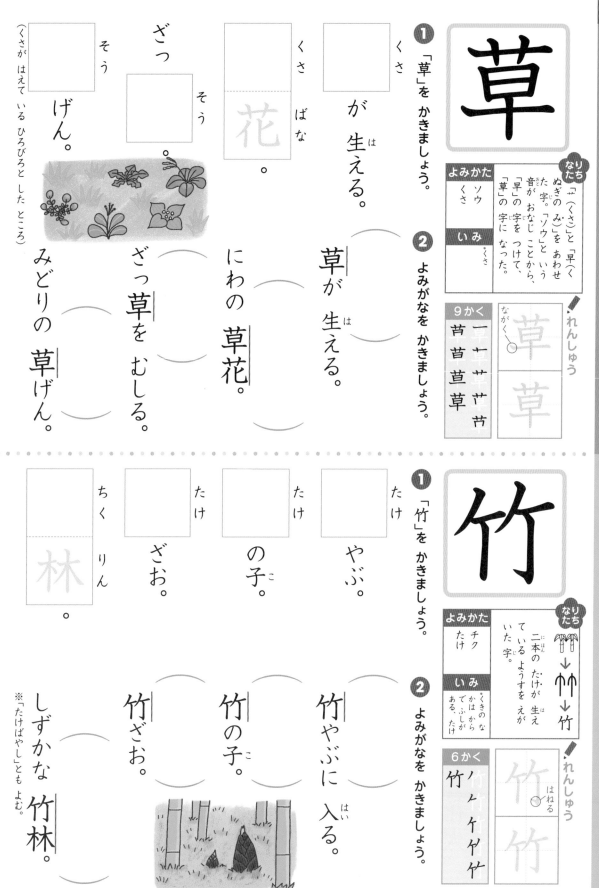

ドリル

てん
1つ・5てん

1 ━せんの かん字《じ》の よみがなを かきましょう。

① 草むしり。（　　）
② 花が さく。（　　）
③ 竹やぶに 入《はい》る。（　　）
④ にわの ざっ草。（　　）
⑤ 竹林。（　　）
⑥ 花火が あがる。（　　）
⑦ 草げん。（　　）
⑧ ガラス《がらす》の 花びん。（　　）
⑨ 竹の子《こ》。（　　）
⑩ にわの 草花。（　　）

2 よみがなに あう かん字《じ》を かきましょう。

① 赤《あか》い □《はな》。
② □《くさ》とり。
③ □《そう》げん。
④ □《たけ》ざお。
⑤ □□《ちくりん》。
⑥ □《か》びん。
⑦ ざっ□《そう》。
⑧ □□《くさばな》。
⑨ □《たけ》の子《こ》。
⑩ □□《はなび》。

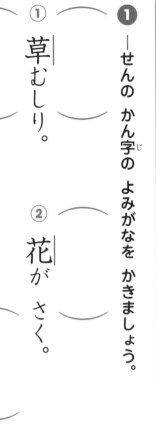

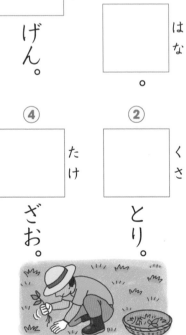

まとめドリル

□ てん

1つ・5てん

1 よみがなに あう かん字《じ》を かきましょう。

① □《かい》がら。

② □《いぬ》が ほえる。

③ □《たけ》やぶ。

④ □《むし》が とぶ。

⑤ □《くさ》とり。

⑥ きれいな □《はな》。

⑦ お□《かね》。

⑧ □《あか》い 夕日《ゆうひ》。

⑨ □《き》もち。

⑩ □□《ちくりん》。

2 よみがなに あう かん字《じ》を かきましょう。

① □《たけ》の子《こ》。

② □□《はなび》。

③ □《むし》かご。

④ 二《に》まい□《がい》。

⑤ ざっ□《そう》。

⑥ □□《くさばな》。

⑦ □《か》びん。

⑧ □□《こいし》。

⑨ こん□《ちゅう》。

⑩ けいさつ□《けん》。

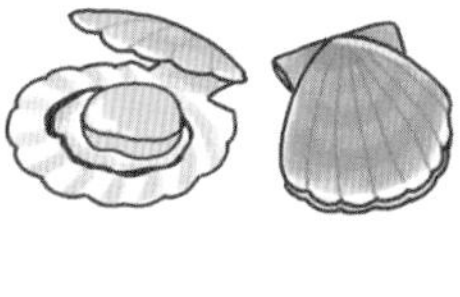

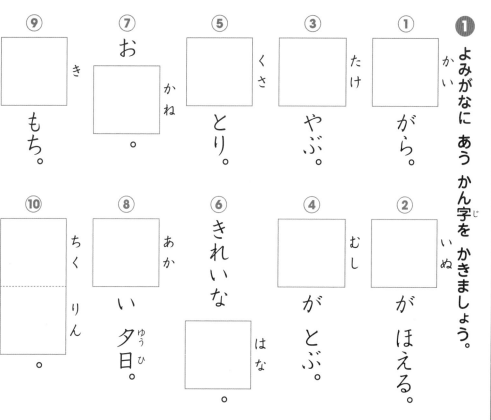

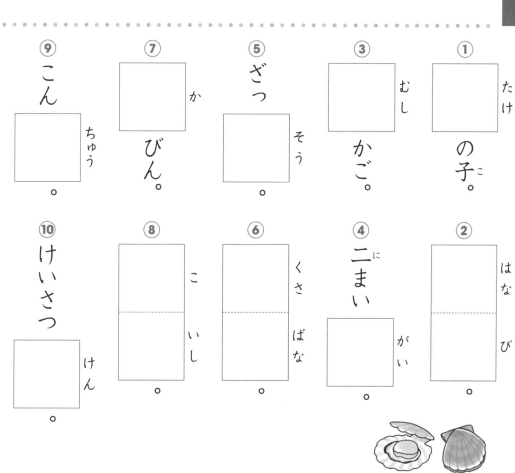

9 町や 学校に つながりの ある かん字《じ》

町・村・学・校・音・文・字・年・名

◉「町《まち》」は、人《ひと》が たくさん いて、にぎやかな ところだよ。「村《むら》」は、いなかで いえが あつまって いる ところだよ。

音《おん》がく

学校《がっこう》

文字《もじ》

一《いち》年《ねん》

名《な》まえ

町

なりたち
「田（た）」と「丁（くぎ）のかたちに なって いるあぜみち」を あわせた字《じ》。あぜみちの ことから、ととのった みちの ある まちの こと。

よみかた
チョウ
まち

いみ
・いえが おおく あつまって いる ところ

7かく
町 町
丨 ⺆ 冊 冊 田 町 町

✏ れんしゅう
町 町（はねる）

1 「町」を かきましょう。

まち □ に すむ。

まち □ や 村《むら》。

まち □ やくば。

ちょう □ ない。（おなじ まちの なか）

2 よみがなを かきましょう。

町（　　）に すむ。

町（　　）や 村《むら》。

町（　　）やくば。

町（　　）ないの 人《ひと》。

村

なりたち
「木（き）」と「寸（て。てを 一《ひと》つの ところに あてる）」を あわせた 字《じ》。木《き》が たくさん ある ところに 人《ひと》が あつまって いる むら。

よみかた
ソン
むら

いみ
・いなかで いえが あつまって いる ところ

7かく
村 村
一 十 才 木 木 村 村

✏ れんしゅう
村 村（はねる）

1 「村」を かきましょう。

小《ちい》さな むら □ 。

むら □ の くらし。

むら □ まつり。

そん □ ちょう。（むらを だいひょうして、まとめる やくめを する ひと）

2 よみがなを かきましょう。

小《ちい》さな 村（　　）。

村（　　）の くらし。

村（　　）まつり。

村（　　）ちょうを えらぶ。

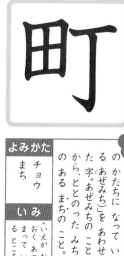

学

なりたち
もとの 字《じ》は「學」。「𦥑(りょう手《て》で まじわる)」と「冖(いえ)」と「子(こども)」を あわせた 字《じ》。子《こ》どもが 先生《せんせい》に まなぶと いう いみ。

よみかた	いみ
ガク まなぶ	・べんきょうする ・まなぶ ところ

れんしゅう　8かく　はねる

学 学 学 学 学 学 学 学

1 「学」を かきましょう。

□《がく》しゅう。

入□《にゅう がく》しき。

二《に》□《がっ》き。

先生《せんせい》から □《まな》ぶ。

2 よみがなを かきましょう。

かん字《じ》の 学（　　）しゅう。

入学（　　）しき。

二《に》学（　　）きが おわる。

先生《せんせい》から 学（　　）ぶ。

校

なりたち

「木(き)」と「交(足《あし》を まじわらせる)」を あわせ、先生《せんせい》と 生《せい》とが まじわる がっこうの こと。

よみかた	いみ
コウ ―	・きょういくを うける ところ

れんしゅう　10かく　とめる

校 校 校 校 校 校 校 校 校 校

1 「校」を かきましょう。

学□《がっ こう》。

□《こう》てい。

□《こう》もん。

学校《がっこう》の □《こう》か。

（学校の うたと して きめられた うた）

2 よみがなを かきましょう。

学校（　　）へ いく。

校（　　）ていで あそぶ。

校（　　）もんから 入《はい》る。

学校《がっこう》の 校（　　）か。

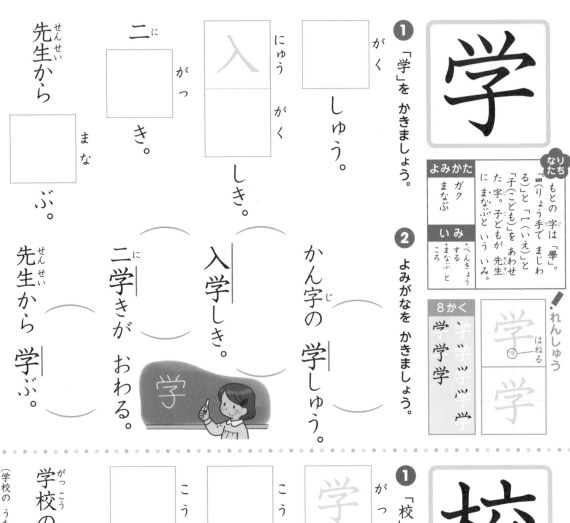

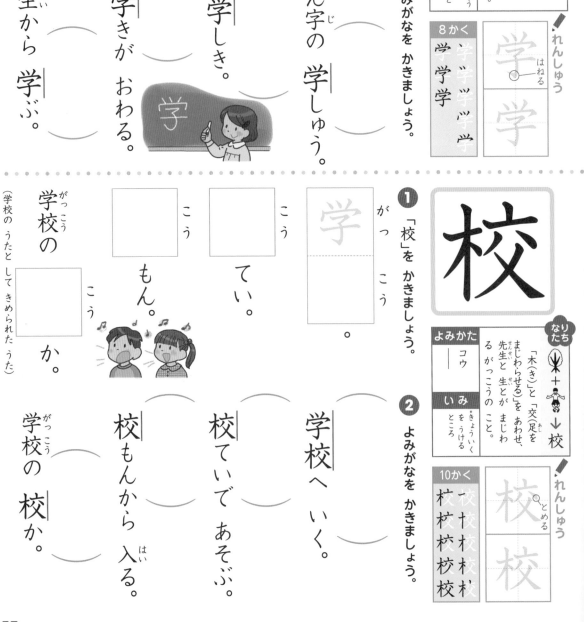

ドリル

てん
1つ・5てん

1 ―せんの かん字《じ》の よみがなを かきましょう。

① 学校へ いく。（　　）
② 町や 村《むら》。（　　）
③ 村まつり。（　　）
④ かん字《じ》を 学ぶ。（　　）
⑤ 町に すむ。（　　）
⑥ 校かを うたう。（　　）
⑦ 校てい。（　　）
⑧ 村ちょうの いえ。（　　）
⑨ 入学しき。（　　）
⑩ 町ないの 人《ひと》。（　　）

2 よみがなに あう かん字《じ》を かきましょう。

① □《こう》ていの 花《はな》。
② □《まち》に すむ。
③ 三《さん》□《がっ》き。
④ □《こう》かを うたう。
⑤ □《むら》まつり。
⑥ 先生《せんせい》から □《まな》ぶ。
⑦ □《がく》しゅう。
⑧ □《ちょう》ないの 人《ひと》。
⑨ □《そん》ちょうの 車《くるま》。
⑩ □《がっ》□《こう》。

音

なりたち もとは、「言」の「口《くち》」の ところに「一（口《くち》の 中《なか》から 出《で》て くる おと）」を つけた 字《じ》。口《くち》から 出《で》る おと**を** あらわす。

よみかた	いみ
オン（イン）おと・ね	・みみに きこえて くる ものの ひびき

9かく

れんしゅう 音 音（ながく）

1 「音」を かきましょう。

□《おと》が する。

足《あし》□《おと》。

□《おん》がく。

ふえの □《ね》。

2 よみがなを かきましょう。

音（　）が する。

足音（　）が きこえる。

音（　）がくの じかん。

ふえの 音（　）。

かん字《じ》の 音《おん》と くん

かん字《じ》は、むかし、中国《ちゅうごく》から つたわりました。中国《ちゅうごく》で つかわれて いた よみかたが「音《おん》よみ（音《おん》）」です。「音《おん》よみ」は よみかた に かたかなで しめして います。

日本《にっぽん》に もともと ある ことばを、かん字《じ》に あてはめた よみかたが「くんよみ（**くん**）」です。「くんよみ」は よみかた に ひらがなで しめして います。

それで、かん字《じ》の「くん」には、きいただけで わかる ことばが おおく、「音《おん》」には、わかりにくい ものが おおいのです。

文

なりたち
大《おお》むかしの 土《ど》きに えがいた もようを あらわした 字《じ》。もようの ことから、もじを あらわす。

よみかた
ブン
モン
（ふみ）

いみ
•じ
•じで かいた もの
•もよう

れんしゅう
はらう

4かく

1 「文」を かきましょう。

□《ぶん》を つくる。

さく□《ぶん》。

□《ぶん》しょう。

ちゅう□《もん》する。
（しなものなどを たのむ）

2 よみがなを かきましょう。

文（　　）を つくる。

さく文（　　）を かく。

ながい 文（　　）しょう。

ちゅう文（　　）する。

字

なりたち
「宀（いえ）」と「子（こども）」を あわせた 字《じ》。いえの 中《なか》で 子《こ》どもが 生《う》まれて ふえる ように、つぎつぎと ふえる もじの ことを あらわす。

よみかた
ジ
（あざ）

いみ
•ことばや かずを あらわす きごう、じ

れんしゅう
はねる

6かく

1 「字」を かきましょう。

□《じ》を かく。

かん□《じ》。

すう□《じ》。

文《も》□《じ》。

2 よみがなを かきましょう。

字（　　）を かく。

かん字（　　）を ならう。

すう字（　　）の 2。

文字（　　）を かく。
※「もんじ」とも よむ。

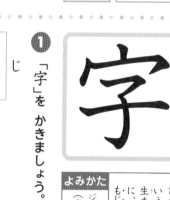

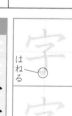

年

なりたち
みの ついた いねと 人《ひと》を あわせた 字《じ》。いねは まいとし 一《いち》ど とり入《い》れる ことから、一ねんかんを あらわす。

よみかた
ネン
とし

いみ
・十二《じゅうに》かげつ
・とし

れんしゅう
6かく
年
つきださない

1 「年」を かきましょう。

一《いち》□《ねん》生《せい》。
らい□《ねん》。
つぎの □《とし》。
□《とし》上《うえ》。

2 よみがなを かきましょう。

一《いち》年生《せい》に なる。
らい年の はる。
つぎの 年。
年上の 人《ひと》。

名

なりたち
「夕(三日月《みかづき》)」と「口(くち)」を あわせた 字《じ》。月《つき》が 出《で》て いる くらい 夕《ゆう》がた、じぶんの なまえを しらせた ことから、なまえの いみ。

よみかた
メイ
ミョウ
な

いみ
・ひとの なまえ、ものの よびな

れんしゅう
6かく
名
はらう

1 「名」を かきましょう。

□《な》まえ。
□《な》ふだ。
だい□《めい》。
□《みょう》字《じ》。(その いえの なまえ)

2 よみがなを かきましょう。

名まえを よぶ。
名ふだ。
本《ほん》の だい名。
名字を かく。

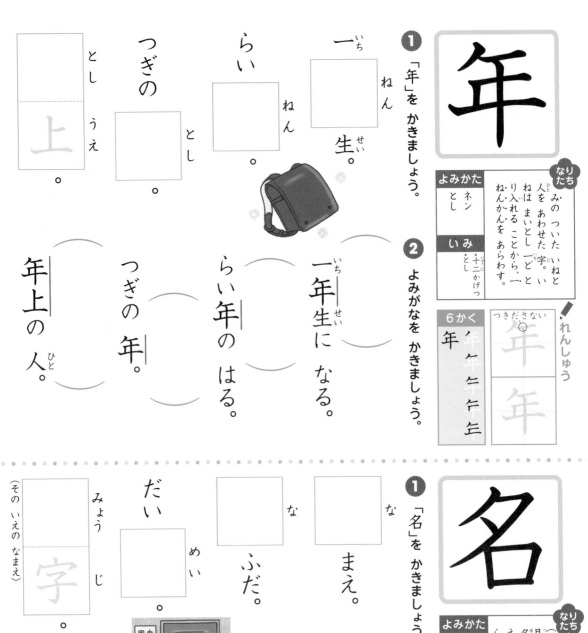

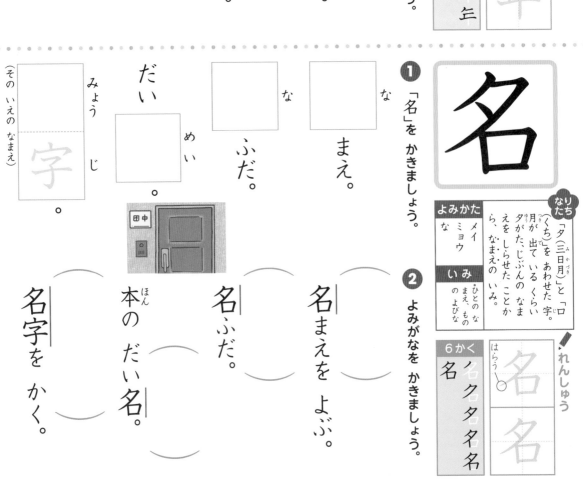

ドリル

てん

1つ・5てん

1 ―せんの かん字《じ》の よみがなを かきましょう。

① 音がくしつ。（　　）

② 文を よむ。（　　）

③ 字を ならう。（　　）

④ らい年の はる。（　　）

⑤ ちゅう文する。（　　）

⑥ 名まえを よぶ。（　　）

⑦ すう字の ２。（　　）

⑧ 足音が きこえる。（　　）

⑨ 年上の 人《ひと》。（　　）

⑩ 本《ほん》の だい名。（　　）

2 よみがなに あう かん字《じ》を かきましょう。

① かん□《じ》。

② □《おと》が する。

③ さく□《ぶん》。

④ 本《ほん》の だい□《めい》。

⑤ 一《いち》□《ねん》生《せい》。

⑥ □《も》□《じ》。

⑦ □《な》ふだ。

⑧ □《おん》がくしつ。

⑨ □《みょう》じ。

⑩ つぎの □《とし》。

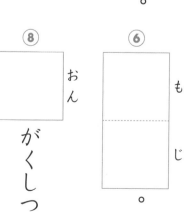

10 ものの 名《な》まえを あらわす かん字《じ》

本・糸・車

◎ものの 名《な》まえを あらわす、つぎの かん字《じ》を おぼえよう。

本

なりたち

「木(き)」の ねもとに 「一(しるし)」を つけた 字《じ》。いちばん たいせつな おおもとの こと。

よみかた

ホン
もと

いみ

・ほん
・きなどを かぞえる ことば

5かく

一 十 才 木 本

れんしゅう

本 本（はらう）

1 「本」を かきましょう。

□（ほん） を よむ。

二《に》 □（ほん） の 木《き》。

□（ほん）気（き）。

2 よみがなを かきましょう。

本（　　　）を よむ。

二《に》本（　　　）の 木《き》。

本気（　　　）に なる。

糸

なりたち

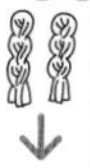
↓ ↓ 糸

ほそい いとが たくさん よりあわされて いる ようすを あらわした 字《じ》。

よみかた	いみ
シ いと	・いと ・ほそながい いとのような もの

6かく 糸

く 幺 幺 糸 糸 糸

✏れんしゅう

おる

糸 糸

1 「糸」を かきましょう。

赤《あか》い □《いと》。

□《いと》で ぬう。

け□《いと》。

せい□《し》。（いとを つくる こと）

2 よみがなを かきましょう。

赤《あか》い 糸（　　）。

糸（　　）で ぬう。

け糸（　　）の ぼうし。

せい糸（　　）こうじょう。

車

なりたち

↓ 車 ↓ 車

一《いち》りんしゃや、二《に》りんしゃを えがいた 字《じ》。

よみかた	いみ
シャ くるま	・くるまの ついた のりもの ・くるくる まわる もの

7かく 車

一 丆 冂 日 亘 亘 車

✏れんしゅう

ながく

車 車

1 「車」を かきましょう。

□《くるま》で いく。

かざ□《ぐるま》。

でん□《しゃ》。

じてん□《しゃ》。

2 よみがなを かきましょう。

車（　　）で いく。

かざ車（　　）が まわる。

でん車（　　）に のる。

じてん車（　　）を こぐ。

ドリル

てん

1つ・5てん

1 ―せんの かん字《じ》の よみがなを かきましょう。

① 車に のる。（　　）

② 本を よむ。（　　）

③ 糸で ぬう。（　　）

④ かざ車が まわる。（　　）

⑤ 赤《あか》い 糸。（　　）

⑥ 二《に》本の 木《き》。（　　）

⑦ じてん車。（　　）

⑧ け糸の ぼうし。（　　）

⑨ 二《に》さつの 本。（　　）

⑩ でん車に のる。（　　）

2 よみがなに あう かん字《じ》を かきましょう。

① じてん□《しゃ》。

② □《いと》で ぬう。

③ □《ほん》を よむ。

④ □《くるま》で いく。

⑤ ながい □《いと》。

⑥ おもしろい □《ほん》。

⑦ でん□《しゃ》。

⑧ け□《いと》の ぼうし。

⑨ かざ□《ぐるま》。

⑩ 一《いっ》□《ぽん》の 木《き》。

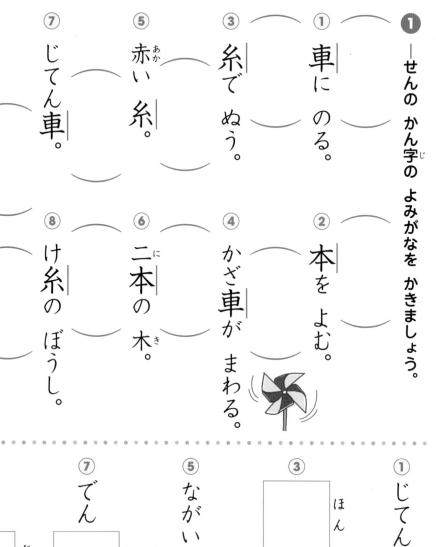

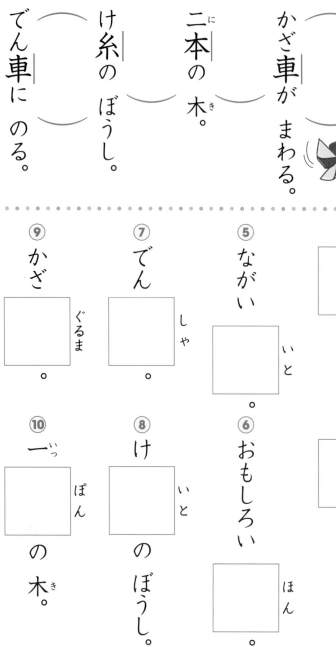

まとめドリル

てん
1つ・5てん

1 よみがなに あう かん字《じ》を かきましょう。

① □《おん》がく。

② ちかくの □《まち》。

③ □《むら》まつり。

④ □《こう》かを うたう。

⑤ □《な》まえ。

⑥ □《ほん》を よむ。

⑦ 白《しろ》い □《くるま》。

⑧ □《そん》ちょうさん。

⑨ 二《に》□《ねん》生《せい》。

⑩ □《いと》で ぬう。

2 よみがなに あう かん字《じ》を かきましょう。

① □《まな》ぶ。

② 足《あし》□《おと》。

③ さく□《ぶん》。

④ でん□《しゃ》。

⑤ □《がっ》□《こう》。

⑥ 本《ほん》の だい□《めい》。

⑦ □《も》□《じ》。

⑧ つぎの □《とし》。

⑨ け□《いと》。

⑩ □《ちょう》ないの 人《ひと》。

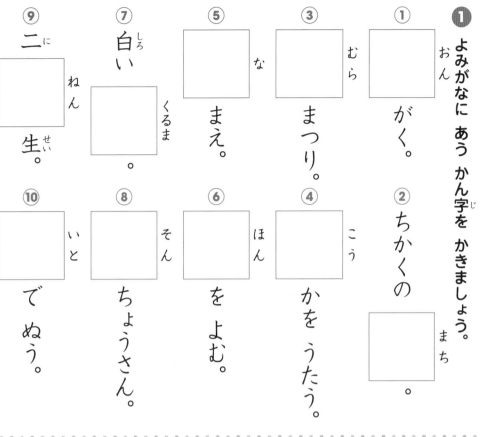

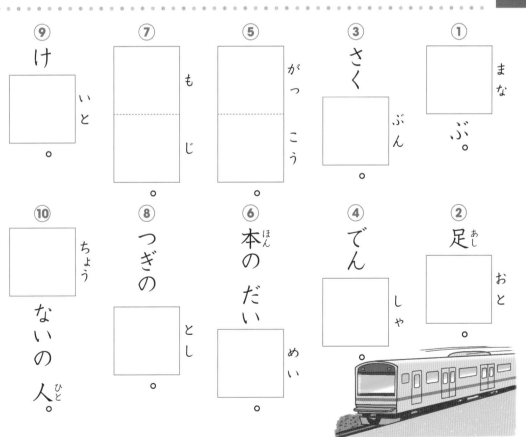

11 人《ひと》を あらわす かん字《じ》

人・男・女・先・生・子・王

◎ 人《ひと》を あらわす かん字《じ》を、いっしょに おぼえよう。

人

なりたち
立《た》って いる ひとの すがたを よこから えがいた 字《じ》。
（人の すがた → 𠆢 → 人）

よみかた
ジン
ニン
ひと

いみ
・にんげん
・ひとを かぞえる ことば

2かく
丿 人

れんしゅう
つける

1 「人」を かきましょう。

□《ひと》が おおい。

五《ご》□《にん》。

がいこく□《じん》。

2 よみがなを かきましょう。

人（　　）が おおい。

五《ご》人（　　）の ともだち。

がいこく人（　　）。

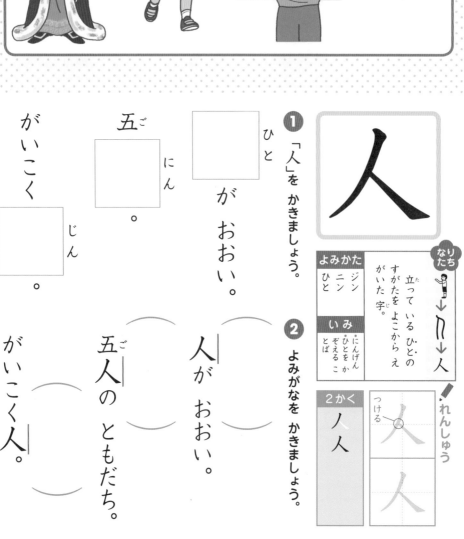

男

なりたち
「田(た)」と「力(ちから)」を あわせた 字《じ》。田や はたけで 力《ちから》しごとを する おとこの 人《ひと》。

よみかた	いみ
ダン ナン おとこ	・おとこ ・むすこ

7かく
れんしゅう（はねる）

1 「男」を かきましょう。

□《おとこ》の 子《こ》。

□《おとこ》の こえ。

□《だん》子《し》。

ちょう□《なん》。
（はじめに うまれた おとこのこ）

2 よみがなを かきましょう。

男（　　）の 子《こ》。

男（　　）の こえ。

男子（　　）トイレ《といれ》。

ちょう男（　　）。

女

なりたち
おんなの 人《ひと》が、りょう手《て》を ひざの 上《うえ》に おいて すわって いる すがたを えがいた 字《じ》。

よみかた	いみ
ジョ (ニョ) (ニョウ) おんな (め)	・おんな ・むすめ

3かく
れんしゅう（すこし つきだす）

1 「女」を かきましょう。

□《おんな》の 子《こ》。

□《おんな》の くつ。

□《じょ》子《し》。

男《だん》□《じょ》。

2 よみがなを かきましょう。

女（　　）の 子《こ》。

女（　　）の くつ。

女子（　　）バレー《ばれえ》。

男女（　　）に わかれる。

ドリル

てん
1つ・5てん

1 ―せんの かん字《じ》の よみがなを かきましょう。

① （　　）人が おおい。

② （　　）男の子《こ》。

③ （　　）女の子《こ》。

④ （　　）五《ご》人の ともだち。

⑤ （　　）男子トイレ《といれ》。

⑥ （　　）女の くつ。

⑦ （　　）女子バレー《ばれえ》。

⑧ （　　）がいこく人。

⑨ （　　）ちょう男。

⑩ （　　）やさしい 人。

2 よみがなに あう かん字《じ》を かきましょう。

① □（じょ）子（し）。

② □（おとこ）の子《こ》。

③ 十《じゅう》□（にん）。

④ □（おんな）の ふく。

⑤ □（だん）子（し）。

⑥ □（ひと）が おおい。

⑦ □（おんな）の 人《ひと》。

⑧ アメリカ《あめりか》□（じん）。

⑨ □（おとこ）の 人《ひと》。

⑩ □□（だんじょ）。

先

なりたち

「㞢（足《あし》が せんから 出《で》る ようす）」と 「儿（ひと）」を あわせた 字《じ》。足《あし》の つまさきの こと。

よみかた

セン
さき

いみ

・じゅんじょで はやい ほう
・まえ

6かく

先

れんしゅう

はねる

1 「先」を かきましょう。

せん せい［　］生。

せん［　］とう。

ゆびの さき［　］。

さき［　］に いく。

2 よみがなを かきましょう。

学校《がっこう》の 先（　　）生。

先（　　）とうを はしる。

ゆびの 先（　　）。

先（　　）に いく。

どんな かん字《じ》？

かん字《じ》を かいた かみが、下《した》のように 二《ふた》つに おって あります。なんと いう 字《じ》か わかりますか。

これは、39ページ《ぺえじ》に ある、「田」と いう 字《じ》です。

かみを ひろげて みると、右《みぎ》の ぶぶんと 左《ひだり》の ぶぶんの かたちが よく にて いる ことが わかりますね。

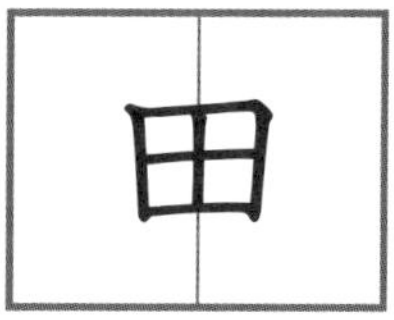

◆つぎの かん字《じ》は、なんと いう 字《じ》でしょう。

①

②

こたえ ①車 ②雨

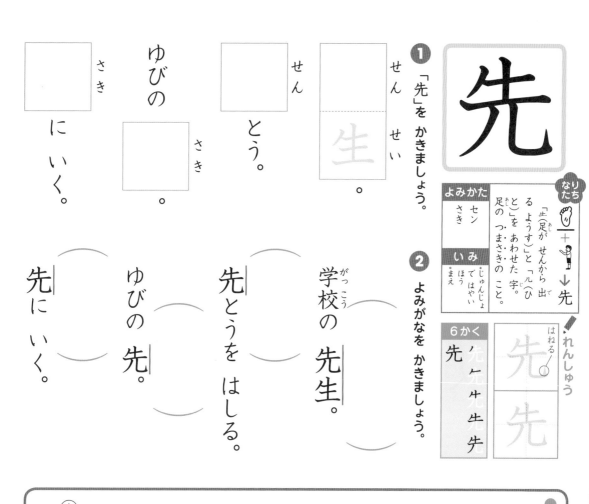

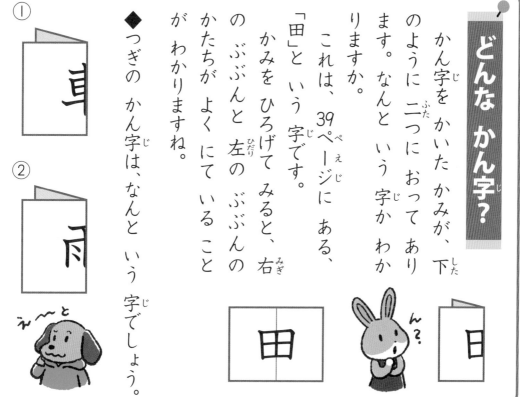

生

なりたち

土《つち》の 中《なか》から 草《くさ》の め が いきいきと はえ出《で》て くる ようすを えがいた 字《じ》。

よみかた

セイ・ショウ
いきる・いかす
いける・うまれる
うむ・(おう)・はえる
はやす・(き)・なま

いみ

・いきる
・くさきが はえる
・いのち

5かく

れんしゅう

ながく

1 「生」を かきましょう。

先《せん》□《せい》。

六年《ろくねん》□《せい》。

たん□《じょう》日《び》。

□《い》きもの。

2 よみがなを かきましょう。

先生（　　）の おはなし。

六年《ろくねん》生（　　）と かえる。

たん生（　　）日《び》。

生（　　）きものを かう。

3 「生」を かきましょう。

□《い》け花《ばな》。

□《う》まれた 日《ひ》。

草《くさ》が □《は》える。

ひげを □《は》やす。

□《なま》の さかな。

4 よみがなを かきましょう。

生（　　）け花《ばな》。

生（　　）まれた 日《ひ》。

草《くさ》が 生（　　）える。

ひげを 生（　　）やす。

生（　　）の さかな。

子

なりたち
↓♀↓子
あたまの 大《おお》きな こどもが りょう手《て》を ひろげて いる すがたを えがいた 字《じ》。

よみかた	いみ
コ ス シ	・こども ・ちいさな もの

れんしゅう
3かく 子 子 子（はねる）

1 「子」を かきましょう。

□《こ》ども。

□《こ》犬《いぬ》。

女《じょ》□《し》。

よう□《す》。（ものごとの ありさま）

2 よみがなを かきましょう。

子ども。（　　）

子犬の せわ。（　　）

女子チーム《ちいむ》。（　　）

町《まち》の よう子。（　　）

王

なりたち
↓天↓王
天《てん》と 大《だい》ちの あいだに 手《て》と 足《あし》を ひろげて 立《た》って いる 人《ひと》の すがたを えがいた 字《じ》。

よみかた	いみ
オウ ―	・くにを おさめる ひと ・ちからの ある ひと

れんしゅう
4かく 一 T 干 王（ながく）

1 「王」を かきましょう。

□《おう》さま。

□《おう》子《じ》。

女《じょ》□《おう》。

はつめい□《おう》。（はつめいした ひとの なかでも とくに すぐれた ひと）

2 よみがなを かきましょう。

王さま。（　　）

王子と 王女《おうじょ》。（　　）

女王の へや。（　　）

はつめい王。（　　）

ドリル

てん

1つ・5てん

1 ―せんの かん字《じ》の よみがなを かきましょう。

① 先に いく。（　　）

② 王さまの しろ。（　　）

③ 生きもの。（　　）

④ 子どもの ふく。（　　）

⑤ 王子と 王女《おうじょ》。（　　）（　　）

⑥ 学校《がっこう》の 先生。（　　）

⑦ 先とうの 人《ひと》。（　　）

⑧ 女子チーム《ちいむ》。（　　）

⑨ 生の さかな。（　　）

⑩ ひげを 生やす。（　　）

2 よみがなに あう かん字《じ》を かきましょう。

① ゆびの □《さき》。

② □《こ》ども。

③ たん□《じょう》日《び》。

④ 町《まち》の よう□《す》。

⑤ □□《せんせい》。

⑥ □□《だんし》チーム。

⑦ □《い》け花《ばな》。

⑧ 草《くさ》が □《は》える。

⑨ □□《じょおう》。

⑩ □《う》まれた 日《ひ》。

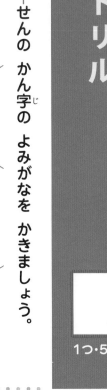

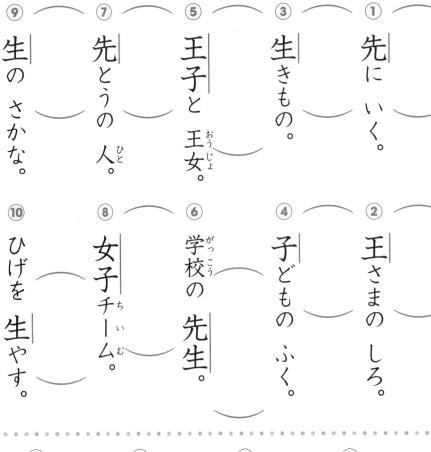

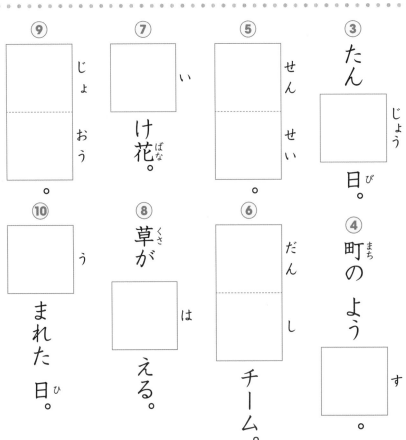

まとめドリル

□てん

1つ・5てん

1 よみがなに あう かん字《じ》を かきましょう。

① □《おんな》のこ。

② となりの □《ひと》。

③ □《おとこ》のこ。

④ □《なま》の さかな。

⑤ □《こ》ども。

⑥ ちょう □《なん》。

⑦ □《おう》さま。

⑧ □《せん》とうに 立《た》つ。

⑨ 小学《しょうがく》□《せい》。

⑩ 町《まち》の よう □《す》。

2 よみがなに あう かん字《じ》を かきましょう。

① みせ □《さき》。（みせの まえや いりぐち）

② たん □《じょう》日《び》。

③ □□《ごにん》 いる。

④ □《い》きもの。

⑤ □□《せんせい》。

⑥ □《う》まれた 日《ひ》。

⑦ □□《じょおう》。

⑧ アメリカ《あめりか》 □《じん》。

⑨ □□《だんし》。

⑩ 草《くさ》が □《は》える。

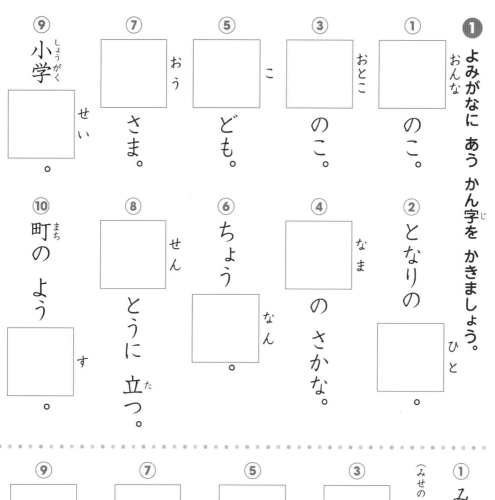

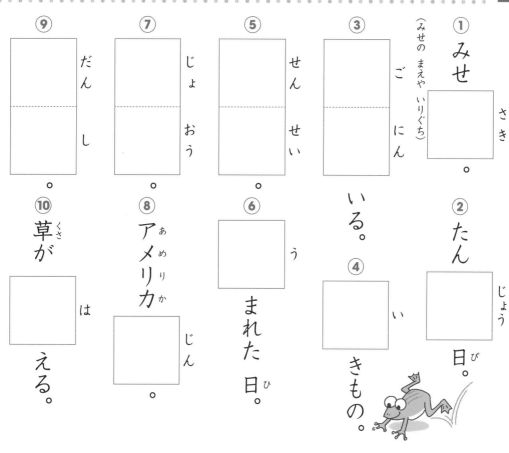

12 からだに つながりの ある かん字《じ》

口・目・耳・手・足・力

口

なりたち
人《ひと》の くちの かたちを えがいた 字《じ》。

よみかた	
コウ ク くち	

いみ
・くち ・ことば

3かく

れんしゅう

1 「口」を かきましょう。

くち［　　］を あける。

じんこう［人］［　　］。
（ある ところに すむ ひとの かず）

く［　　］ちょう。
（はなす ときの ちょうし）

2 よみがなを かきましょう。

口を あける。（　　）

町《まち》の 人口。（　　）

やさしい 口ちょう。（　　）

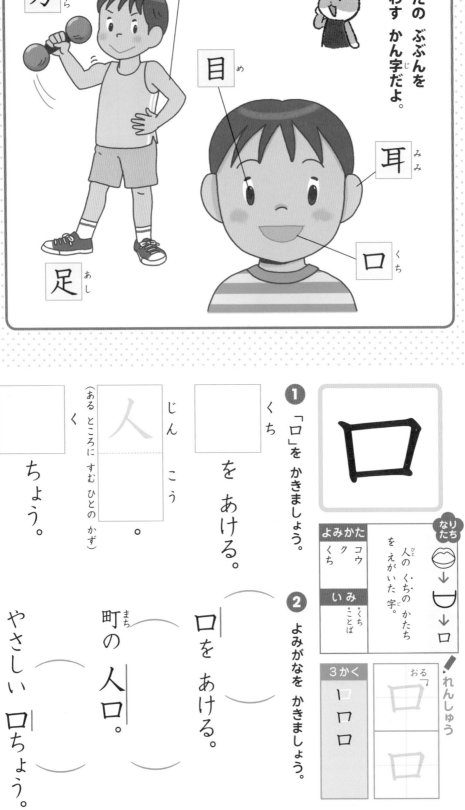

目

なりたち
人《ひと》の めの かたちを えがいた 字《じ》。のちに、たてながに かくように なった。
→ 目

よみかた	いみ
モク（ボク） め・（ま）	・め ・みだし ・ねらい

れんしゅう
5かく
丨 冂 月 月 目
ふたつ

❶ 「目」を かきましょう。

め □ で 見《み》る。

め □ ぐすり。

本《ほん》の もく □ じ。（本の みだしなどを ならべた もの）

もく □ ひょう。（めざす もの）

❷ よみがなを かきましょう。

目（　）で 見《み》る。

目（　）ぐすり。

本《ほん》の 目（　）じ。

ことしの 目（　）ひょう。

耳

なりたち
人《ひと》の みみの かたちを えがいた 字《じ》。
→ 耳

よみかた	いみ
（ジ） みみ	・みみ ・おとを きく こと

れんしゅう
6かく
耳
一 丅 F F E 耳
つきだす

❶ 「耳」を かきましょう。

みみ □ で きく。

犬《いぬ》の みみ □。

みみ □ たぶ。

みみ □ もと。（みみの すぐ そば）

❷ よみがなを かきましょう。

耳（　）で きく。

犬《いぬ》の 耳（　）。

耳（　）たぶ。

耳（　）もとで はなす。

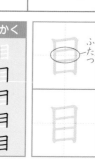

ドリル

1つ・5てん

てん

❶ ―せんの かん字《じ》の よみがなを かきましょう。

① 目（　）で 見《み》る。

② 口（　）を あける。

③ 耳（　）で きく。

④ 本《ほん》の 目（　）じ。

⑤ 目（　）ぐすり。

⑥ ことしの 目（　）ひょう。

⑦ 耳（　）たぶ。

⑧ 人口（　）が ふえる。

⑨ 犬《いぬ》の 耳（　）。

⑩ 先生《せんせい》の 口（　）ちょう。

❷ よみがなに あう かん字《じ》を かきましょう。

① □《め》ぐすり。

② □《くち》を あける。

③ □《みみ》たぶ。

④ □《め》で 見《み》る。

⑤ 本《ほん》の □《もく》じ。

⑥ □《みみ》で きく。

⑦ □《くち》ぶえ。

⑧ □《もく》ひょう。

⑨ □《みみ》もと。

⑩ 町《まち》の □□《じんこう》。

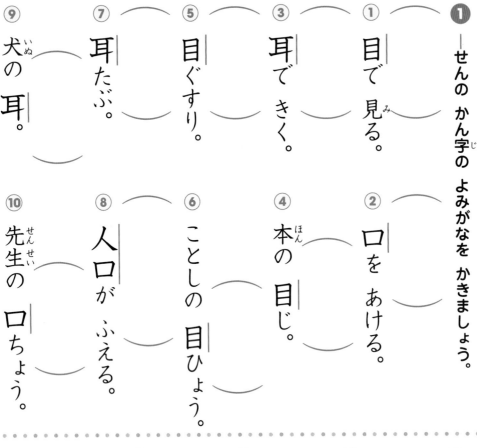

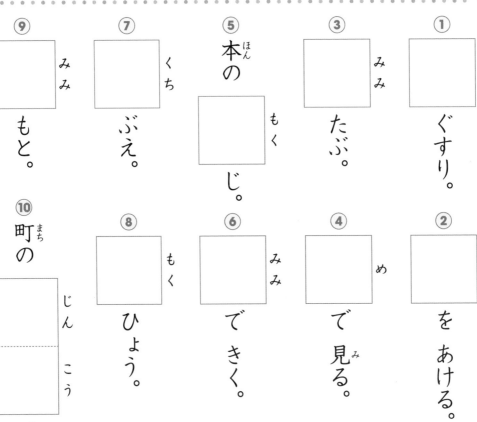

手

なりたち
→ 𢩯 → 手
五本《ごほん》の ゆびを ひろげた 人《ひと》の てのかたちを えがいた 字《じ》。

よみかた	
シュ て (た)	
いみ	•て •ある しごとを する ひと

れんしゅう
4かく
一 二 三 手
はねる

1 「手」を かきましょう。

□《て》を つなぐ。

右□《みぎて》。

はく□《しゅ》。

（てのひらを あわせて おとを だす こと）

うんてん□《しゅ》。

（うんてんする ひと）

2 よみがなを かきましょう。

手（　）を つなぐ。

右手（　）を 出《だ》す。

はく手（　）を する。

うんてん手（　）。

足

なりたち
→ 𤴓 → 足
人《ひと》の ひざから つまさきまでの かたちを えがいた 字《じ》。

よみかた	
ソク あし たりる たる・たす	
いみ	•あし •あるく こと •たりる

れんしゅう
7かく
丨 口 口 早 早 足 足
はらう

1 「足」を かきましょう。

□《あし》が はやい。

□《あし》もと。

□《た》りない。

えん□《そく》。

2 よみがなを かきましょう。

足（　）が はやい。

足（　）もとを 見《み》る。

人《ひと》が 足（　）りない。

えん足（　）に いく。

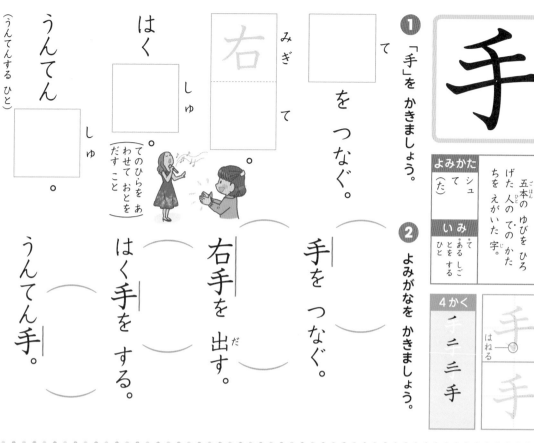

力

なりたち
ちからを ぎゅっと 入《い》れた うでを えがいた 字《じ》。

よみかた	いみ
リョク リキ ちから	ものを うごかす はたらき、ちから

2かく フ 力

れんしゅう はねる

1 「力」を かきましょう。

ちから
[　]を 出《だ》す。

つよい [　]。
ちから

たい[　]。
りょく
（うんどうなどを する からだの ちから）

りき
[　]そうする。
ちから
（ちから いっぱい はしる）

2 よみがなを かきましょう。

力（　）を 出《だ》す。

つよい 力（　）。

たい力（　）が つく。

力（　）そうする。

「口」の つく かん字《じ》

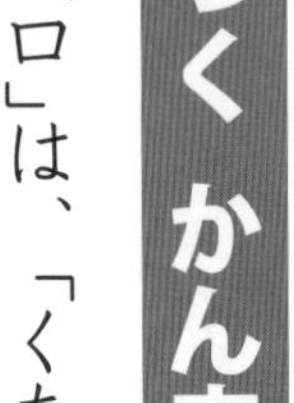

75ページ《ぺえじ》の 「口」は、「くち」の かたちを えがいた 字《じ》です。
この 「口」の かたちが つく かん字《じ》は、いろいろ あります。つぎの かたちに 「口」を つけると……。

ナ　「右」に なりますね。

◆つぎの かたちに 「口」を つけると、どんな かん字《じ》に なるでしょう。

① 丆

② 夕

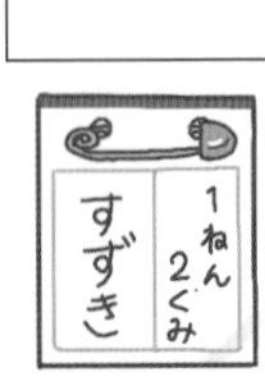

③

こたえ ①石 ②名 ③足

ドリル

てん
1つ・5てん

1 ―せんの かん字《じ》の よみがなを かきましょう。

① 足で ける。（　　）
② 手を つなぐ。（　　）
③ はく手する。（　　）
④ 人《ひと》が 足りない。（　　）
⑤ 力を 出《だ》す。（　　）
⑥ 足もとを 見《み》る。（　　）
⑦ 力そうする。（　　）
⑧ うんてん手。（　　）
⑨ たい力。（　　）
⑩ 右手で もつ。（　　）

2 よみがなに あう かん字《じ》を かきましょう。

① □《て》で おす。
② つよい □《ちから》。
③ □《ちから》を 出《だ》す。
④ □《あし》が はやい。
⑤ □《みぎ》□《て》。
⑥ うんてん □《しゅ》。
⑦ □《あし》もと。
⑧ えん □《そく》。
⑨ たい □《りょく》。
⑩ はく □《しゅ》。

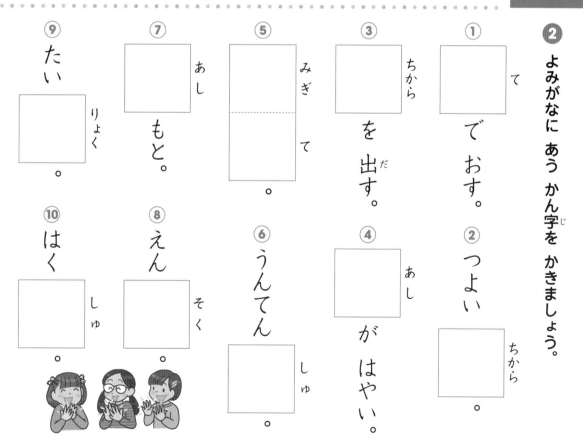

13 うごきや ようすを あらわす かん字《じ》

入・出・立・見・休・正・早

◎かん字《じ》の 中《なか》には、人《ひと》や ものの うごきを あらわす ものが あるんだ。

入《はい》る

出《で》る

立《た》つ

見《み》る

休《やす》む

◎ようすを あらわす かん字《じ》も あるよ。

正《ただ》しい

早《はや》い

入

なりたち
入→入→入→入
いえの いりぐちや、そとから いえの 中《なか》へ はいる ようすを えが いた 字《じ》。

よみかた	いみ
ニュウ いる いれる はいる	●あるところに おさまる、はいる

2かく
ノ 入

れんしゅう
つける

1 「入」を かきましょう。

いえに □《はい》る。

□《い》り口《ぐち》。

水《みず》を □《い》れる。

□《にゅう》学《がく》しき。

2 よみがなを かきましょう。

いえに 入る。（　）

いえの 入り口《ぐち》。（　）

水《みず》を 入れる。（　）

入学しき。（　）

出

なりたち
→出
一本《いっぽん》の せんから 足《あし》が でて いる かたちを えが いた 字《じ》。中《なか》から そとへ でる ことを あらわす。

よみかた	いみ
シュツ （スイ） でる だす	●いちが そとへ うつる ●あらわれる

5かく
丨 屮 屮 出 出

れんしゅう
つきださない

1 「出」を かきましょう。

そとに □《で》る。

とび □《だ》す。

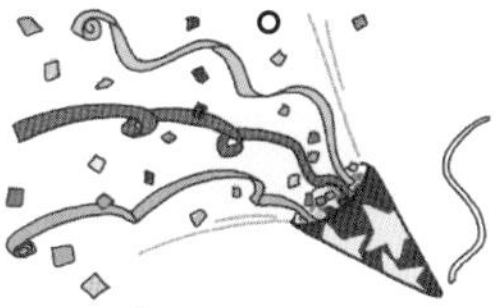

おもい □《だ》す。

□《しゅっ》ぱつ。（でかける こと）

2 よみがなを かきましょう。

そとに 出る。（　）

とび出す。（　）

おもい出す。（　）

出ぱつの じこく。（　）

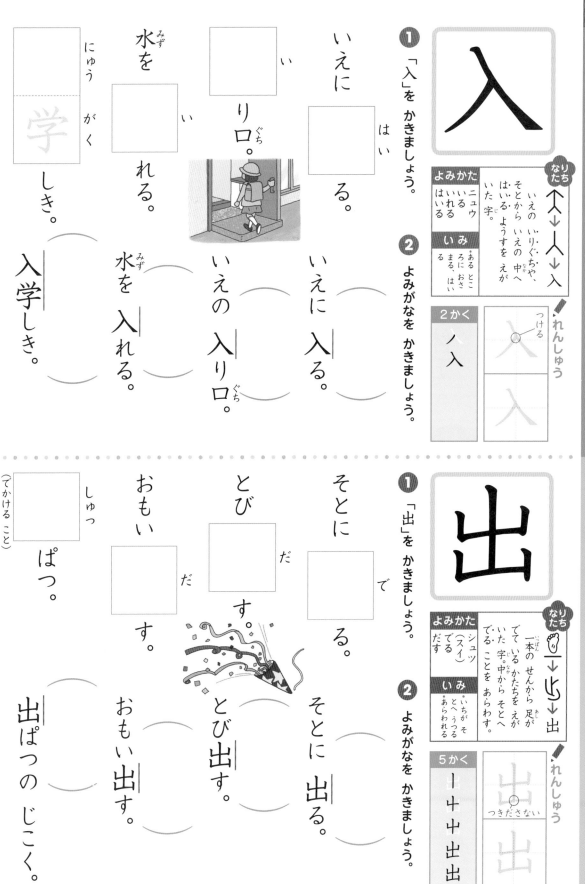

立

なりたち
人《ひと》が　手《て》を　ひろげて　たって　いる　ようすを　えがいた　字《じ》。

よみかた	いみ
リツ　（リュウ）　たつ　たてる	・まっすぐに　なる、まっすぐに　する

れんしゅう　5かく（ながく）

1　「立」を　かきましょう。

せきを　□《た》つ。

□《た》ち上《あ》がる。

はたを　□《た》てる。

き□《りっ》する。（せきから　たちあがる）

2　よみがなを　かきましょう。

せきを　立つ。（　　）

立ち上《あ》がる。（　　）

はたを　立てる。（　　）

みんな　き立する。（　　）

見

なりたち
「目(め)」と　「儿(ひと)」を　あわせた　字《じ》。人《ひと》が　目《め》で　ものを　みて　いる　ことを　あらわす。

よみかた	いみ
ケン　みる　みえる　みせる	・めで　ものの　かたちや　なかみを　みる

れんしゅう　7かく（はねる）

1　「見」を　かきましょう。

テレビ《てれび》を　□《み》る。

うみが　□《み》える。

はっ□《けん》する。（しられて　いない　ことを　はじめて　みつけだす）

□《けん》学《がく》。（そこへ　みに　いって　まなぶ　こと）

2　よみがなを　かきましょう。

テレビを　見る。（　　）

うみが　見える。（　　）

はっ見した　人《ひと》。（　　）

こうじょう見学。（　　）

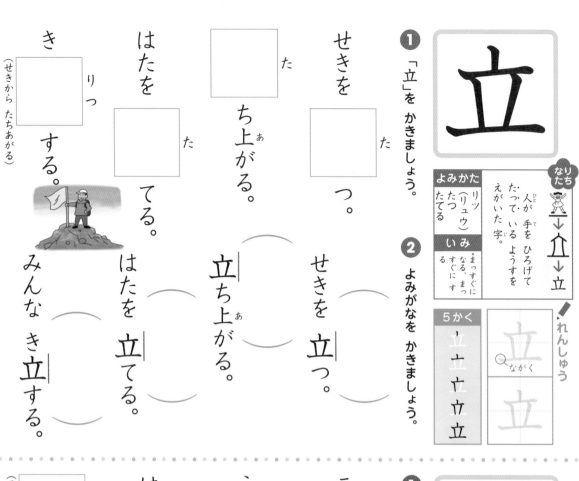

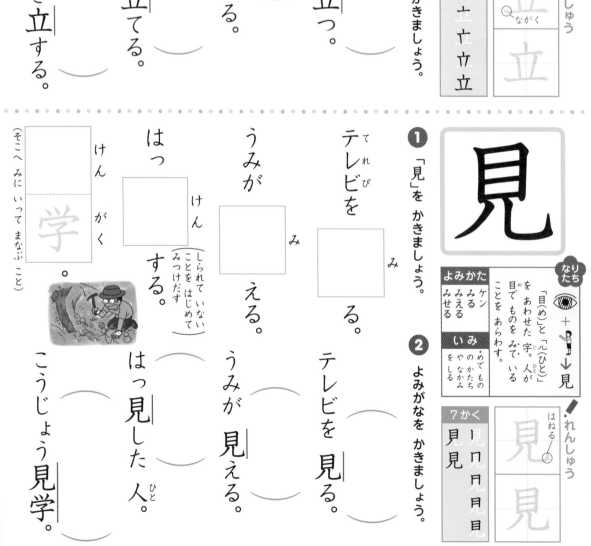

ドリル

□てん
1つ・5てん

1 ―せんの かん字《じ》の よみがなを かきましょう。

① 中《なか》に 入る。（　　）
② そとに 出る。（　　）
③ 立ち上《あ》がる。（　　）
④ うみが 見える。（　　）
⑤ 水《みず》を 入れる。（　　）
⑥ おもい出す。（　　）
⑦ き立する。（　　）
⑧ 入学しき。（　　）
⑨ 出ぱつする。（　　）
⑩ 見学する。（　　）

2 よみがなに あう かん字《じ》を かきましょう。

① □《い》り口《ぐち》。
② せきを □《た》つ。
③ とび□《だ》す。
④ テ《て》レ《れ》ビ《び》を □《み》る。
⑤ き□《りつ》する。
⑥ いえに □《はい》る。
⑦ □《しゅっ》ぱつする。
⑧ 月《つき》が □《で》る。
⑨ □《にゅう》□《がく》する。
⑩ はっ□《けん》する。

休

なりたち

「イ(ひと)」と「木(き)」を あわせた 字《じ》。人《ひと》が 木《き》の かげで やすんで いる ようすの 字《じ》。

よみかた	いみ
キュウ やすむ やすまる やすめる	・からだや こころを ゆっくり させる

6かく

休 ノ イ 亻一 什 休

れんしゅう

休 (はらう)

休

1 「休」を かきましょう。

学校《がっこう》を [　]《やす》む。

ひる[　]《やす》み。

[　]《きゅう》日《じつ》。(しごとや 学校が やすみの ひ)

[　]《きゅう》けいじかん。

2 よみがなを かきましょう。

学校《がっこう》を 休む。(　　)

ひる休み。(　　)

みせの 休日。(　　)

休けいじかん。(　　)

くみあわせた かん字《じ》

上《うえ》の 「休」と いう かん字《じ》の できかたを 見《み》て みましょう。

人《ひと》が 木《き》の 下《した》で やすむ ようすを あらわした。

「イ」は、「人《ひと》」の かたちが かわった ものです。

「男」も おなじように、くみ あわせて できた かん字《じ》です。

田《た》や はたけで 力《ちから》しごとを する おとこの 人《ひと》を あらわした。

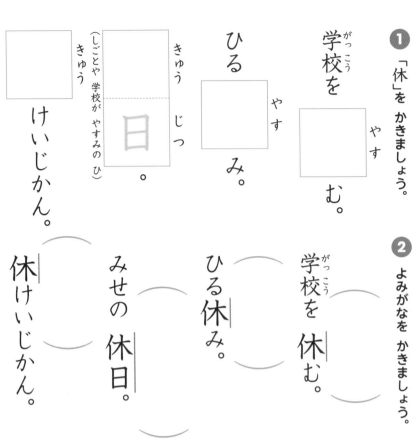

正

なりたち
「一(めざす ところ)」と「止(あし)」を あわせた 字《じ》。まっすぐ すすむ こと、ただしい こと。

よみかた
セイ
ショウ
ただしい
ただす・まさ

いみ
・まちがいが ない
・ぴったり
・しょうがつ

5かく
一 丅 下 正 正

れんしゅう
つきださない

1 「正」を かきましょう。

ただ□しく かく。

しょう□がつ月。

せい□もん。

まさ□ゆめ。
(ゆめに みた ことが ほんとうに おこる、そのゆめ)

2 よみがなを かきましょう。

正（　　）しく かく。

正（　　）月が くる。

学校《がっこう》の 正（　　）もん。

正（　　）ゆめに なる。

早

なりたち
くぬぎの みを えがいた 字《じ》。この みの かわは くろいので、その いろのように、くらい あさの はやい じかんを あらわす。

よみかた
ソウ・(サッ)
はやい
はやまる
はやめる

いみ
・ある じかんより まえ、あさ はやく

6かく
早 口 日 日 旦 早

れんしゅう
ながく

1 「早」を かきましょう。

はや□く おきる。

はや□い じかん。

はや□くち口。

そう□たいする。
(きまった じかんより はやく かえる)

2 よみがなを かきましょう。

早（　　）く おきる。

早（　　）い じかん。

早（　　）口で いう。

学校《がっこう》を 早（　　）たいする。

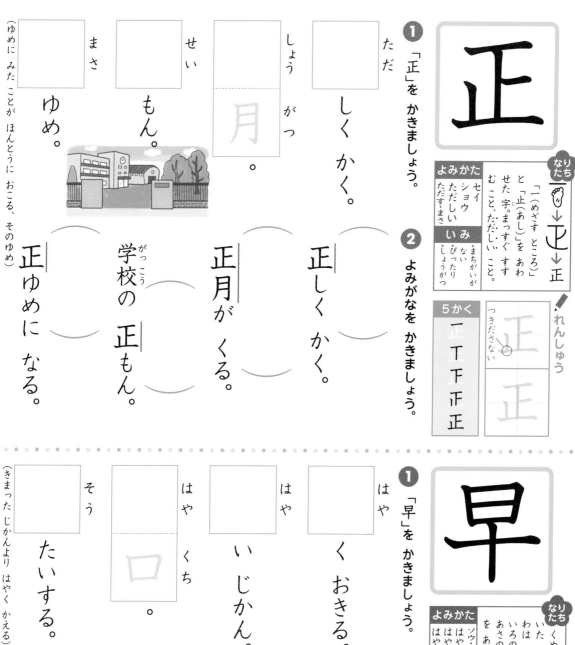

ドリル

てん

1つ・5てん

1 ―せんの かん字《じ》の よみがなを かきましょう。

① 正しい 字《じ》。（　　）

② 学校《がっこう》を 休む。（　　）

③ 早く ねる。（　　）

④ 正月が くる。（　　）

⑤ はる休み。（　　）

⑥ 正もんから 入《はい》る。（　　）

⑦ 正ゆめ。（　　）

⑧ みせの 休日。（　　）

⑨ 早たいする。（　　）

⑩ 早口で いう。（　　）

2 よみがなに あう かん字《じ》を かきましょう。

① ひる□《やす》み。

② □《ただ》しく かく。

③ □□《しょうがつ》。

④ □《はや》く おきる。

⑤ なつ□《やす》み。

⑥ □《きゅう》けいじかん。

⑦ □□《はやくち》。

⑧ 学校《がっこう》の □《せい》もん。

⑨ □《まさ》ゆめ。

⑩ □《そう》たいする。

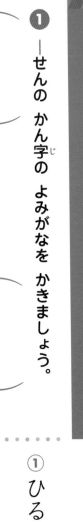

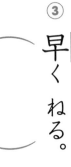

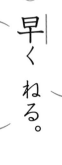

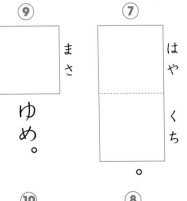

まとめドリル

□てん
1つ・5てん

1 よみがなに あう かん字《じ》を かきましょう。

① 中《なか》に □《はい》る。

② よく □《み》える。

③ □《やす》みの 日《ひ》。

④ □《た》ちどまる。

⑤ とび □《だ》す。

⑥ □《ただ》しい こたえ。

⑦ □《め》ぐすり。

⑧ □《しゅっ》ぱつする。

⑨ □《て》で もつ。

⑩ □《ちから》を 入《い》れる。

2 よみがなに あう かん字《じ》を かきましょう。

① あく □《しゅ》。

② □《あし》□《おと》。

③ □《みみ》かき。

④ □《はや》□《くち》。

⑤ □《しょう》□《がつ》。

⑥ えん □《そく》の 日《ひ》。

⑦ □《もく》ひょう。

⑧ □《にゅう》□《がく》する。

⑨ □《きゅう》□《じつ》。

⑩ □《けん》□《がく》する。

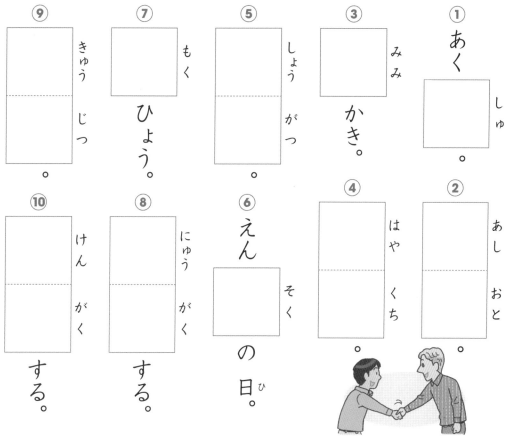

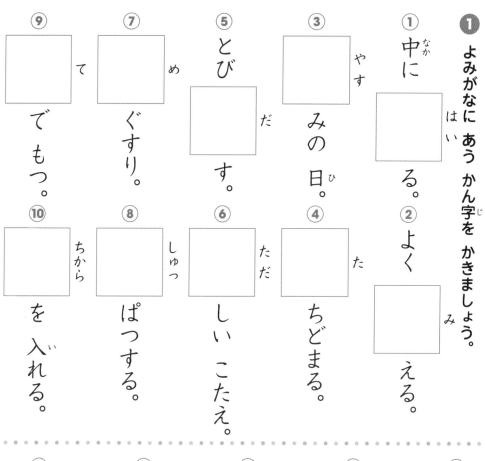

14 おなじ ぶぶんを もつ かん字《じ》

田 ＋ 力 → 男

目 → 見

上《うえ》の かん字《じ》を 見《み》て みましょう。

「男」と いう 字《じ》は、「田」と「力」を くみあわせて できました。

「見」の 字《じ》には、「目」と いう 字《じ》が 入《はい》って います。

◎**このような かん字《じ》を さがして みよう！**

また、つぎのように、おなじ ぶぶんの かたちが かわる ものが あります。

木 → 林・村・校

◆**□の かん字《じ》の、□の ぶぶんを えんぴつで なぞりましょう。**

口 — 石《いし》を ひろう。

日 — あさ 早《はや》く おきる。

目 — こくばんを 見《み》る。

中 — 虫《むし》が とんで くる。

ドリル①

□てん
1つ・10てん

❶ 上《うえ》の 二《ふた》つの かんじの かたちが くみあわさって できる かんじを かきましょう。

〈れい〉 田・力→男

① 日・十→日

② 夕・口→夕

③ 立・日→立

④ 一・白→一

❷ ⬚の ぶぶんを もつ かんじを かきましょう。

① 目

よく □《み》る。

□《かい》がら。

② 木

まつ□《ばやし》。

ひる□《やす》み。

③ 子

□《じ》を かく。

□《がっ》校《こう》。

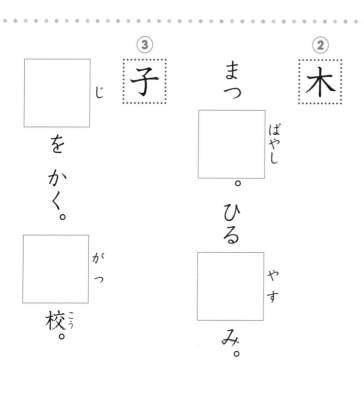

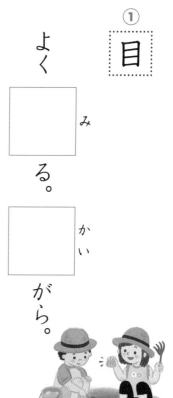

ドリル②

□てん

1 おなじ ぶぶんを それぞれ えんぴつで なぞりましょう。
（りょうほう できて 10てん）

〈れい〉石《いし》ころ。―名《な》まえ。

① 村《むら》まつり。―校《こう》ちょう先生《せんせい》。

② 空《そら》いろ。―左《ひだり》がわ。

③ 花《はな》たば。―草《くさ》むしり。

2 ⬚の ぶぶんを もつ かん字《じ》を かきましょう。
（一つ 10てん）

① 中―□《むし》を つかまえる。

② 土―□《あか》しんごう。

③ 月―□《あお》いうみ。

④ 日―□《はや》おき。□《おん》がく。

⑤ 田―□《まち》やくば。□《おとこ》の人《ひと》。

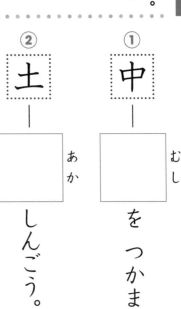

ドリル③

□てん

❶ つぎの かんじを 二《ふた》つに わけて かきましょう。（りょうほう できて 10てん）

〈れい〉 早 → 日　十

① 男 → □　□

② 音 → □　□

❷ おなじ ぶぶんを もつ かんじを かきましょう。（一つ 10てん）

① かん□《じ》。―□《がく》しゅう。

② □《はやし》の 虫《むし》。―□《もり》の 中《なか》。

③ 町《まち》と □《むら》。―□《こう》ていの 木《き》。

④ □《はな》が さく。―にわの □《くさ》。

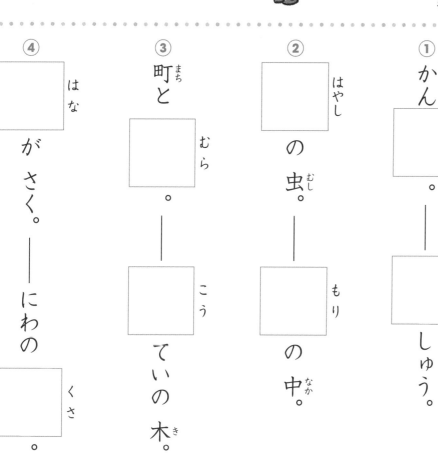

15 かたちが にて いる かん字《じ》

人 → 入

大 → 犬

木 → 本

十 → 千

◎「、」を つけると、ちがう 字《じ》だ。

上《うえ》の かん字《じ》を 見《み》て みましょう。
「人」と「入」は、よくに た かたちの かん字《じ》です。
また、「大」と「犬」も よくに て いますね。「、」が あるか ないかで、まったく べつの かん字《じ》に なって しまいます。
　このような かん字《じ》は、かきまちがえやすいので、ちがいを はっきりさせて おぼえましょう。

◎「一」や「ノ」が つくと、ちがう 字《じ》に なるんだね。

◆ —せんの ことばを 正《ただ》しい かん字《じ》で あらわした ほうに、○を つけましょう。

① へやに はいる。
（　）人る
（　）入る

② いぬが ほえる。
（　）大
（　）犬

③ しろい 花《はな》。
（　）白い
（　）百い

④ 花《か》だんの つち。
（　）上
（　）土

こたえ ①入る ②犬 ③白い ④土 に○

ドリル①

□
てん
1つ・10てん

1 □に あてはまる かん字《じ》を、〔 〕から えらんで かきましょう。

① 〔王・玉〕…□《おう》さまの おはなし。

② 〔木・本〕…□《こ》のはが ゆれる。

③ 〔八・入〕…□《にゅう》学《がく》しきの おもいで。

④ 〔石・右〕…□《みぎ》手《て》。□《いし》ころ。

2 かたちに 気《き》を つけて、かん字《じ》を かきましょう。

①
たかく とび□《あ》がる。
ねん□《ど》で つくる。

②
まるい □《つき》が 出《で》る。
□《め》を とじる。
うさぎの □《みみ》。

ドリル②

□てん
1つ・10てん

1 たりない ぶぶんを かきたして、正《ただ》しい かん字《じ》に しましょう。

① 子《こ》大《いぬ》が ほえる。

② 白《ひゃく》円《えん》玉《だま》を ひろう。

③ こうじょうを 目《けん》学《がく》する。

④ 木《むら》やくば。——木《はやし》を あるく。

2 かたちに 気《き》を つけて、かん字《じ》を かきましょう。

①
□《ひと》が くる。
おみせに □《はい》る。

②
きれいな 花《はな》□《び》。
□《だい》すきな まんが。
あしたの □《てん》気《き》。

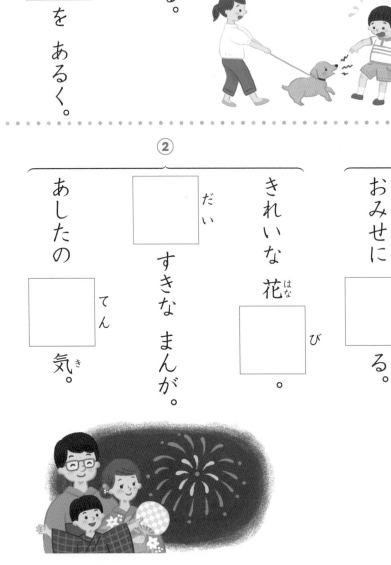

ドリル③

□ てん
1つ・10てん

❶ たりない ぶぶんを かきたして、正《ただ》しい かん字《じ》に しましょう。

① シャボン《しゃぼん》王《だま》を とばす。

② えきまえの 木《ほん》やさん。

③ 十《せん》円《えん》さつで はらう。

④ 子《じ》を かく。―― 子《がく》生《せい》ふく。

❷ かたちに 気《き》を つけて、かん字《じ》を かきましょう。

① きれいな □《かい》がら。 空《そら》を □《み》上《あ》げる。

② □《いし》を ひろう。 □《みぎ》がわを あるく。 □《ひだり》手《て》を 上《あ》げる。

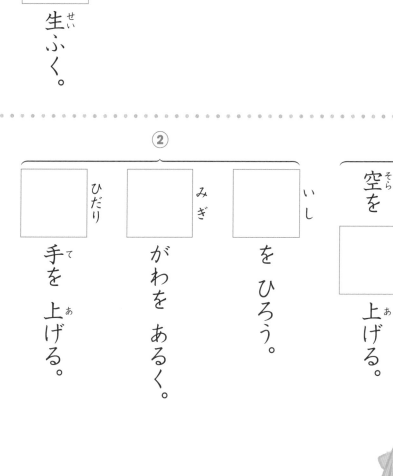

16 いろいろな よみかたが ある かん字《じ》

つぎの ―せんの かん字《じ》を よんで みましょう。

・上を 見《み》る。
・立《た》ち上がる。
・上りざか。
・川《かわ》上に むかう。
・上ばきを はく。
・水《すい》上スキー《すきい》。

それぞれの よみかたは、下《した》の とおりです。よみかたごとの つかいかた（ことば）を おぼえましょう。

上《うえ》を 見《み》る。

上《のぼ》りざか。

上《うわ》ばき。

立《た》ち上《あ》がる。

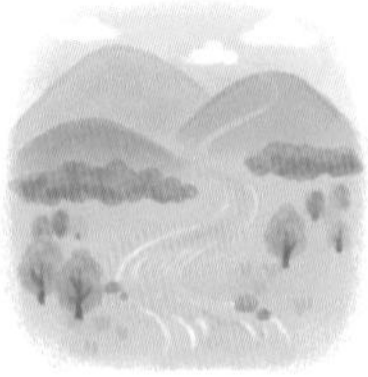
川上《かわかみ》。

水上《すいじょう》スキー。

◆ ―せんの ことばの 正《ただ》しい よみかたの ほうに、○を つけましょう。

① 手《て》がみを 出す。
（　）だす
（　）です

② 川《かわ》の 土手。
（　）とて
（　）どて

③ まい日 あそぶ。
（　）まいひ
（　）まいにち

④ 正月 の あさ。
（　）しょうがつ
（　）しょうげつ

こたえ ①だす ②どて ③まいにち ④しょうがつ に○

ドリル①

（　　　）てん
1つ・5てん

1 ーせんの かん字《じ》の 正《ただ》しい よみかたの ほうを、□で かこみましょう。

〈れい〉お金もち。〔きん・かね〕

① 雨がさ。〔あめ・あま〕

② 女子《じょ》トイレ《といれ》。〔こ・し〕

③ 入れもの。〔い・はい〕

④ 空きばこ。〔あ・そら〕

⑤ 草《くさ》が 生える。〔う・は〕

⑥ 木かげ。〔き・こ〕

⑦ 上ばき。〔うえ・うわ〕

⑧ 下《した》に 下りる。〔さ・お〕

2 ーせんの かん字《じ》の よみがなを かきましょう。

① とび出す。（　　）そとへ 出る。（　　）

② 土よう日《び》。（　　）たいらな 土ち。（　　）

③ お日さま。（　　）三日《みっ》まえ。（　　）

④ 二《に》か月 たつ。（　　）五《ご》月の えん足《そく》。（　　）

⑤ 大きい はこ。（　　）スポーツ《すぽうつ》大かい。（　　）

⑥ 小さい 虫《むし》。（　　）小学校《がっこう》へ いく。（　　）

ドリル②

てん

1つ・5てん

1 —せんの かん字《じ》の よみがなを かきましょう。

① 九さつの 本《ほん》。九月《がつ》に なる。

② 十ぴきの ねこ。十月《じゅうがつ》十日《か》。

③ 木よう日《び》。山《やま》おくの 大《たい》木。

④ 車《くるま》の 音。たのしい 音がく。

⑤ 力を 入《い》れる。きょう力する。

2 —せんの かん字《じ》の よみがなを かきましょう。

① 青《あお》い 空。山《やま》の 空気《き》。
空きかんを すてる。

② 女《おんな》の 人。三《さん》人で きめる。
アメリカ《あめりか》人の 男《おとこ》の 子《こ》。

③ 上を 見《み》る。とび上がる。
上りざか。川《かわ》上に むかう。

ドリル③

てん

1つ・5てん

1 ―せんの かん字《じ》の よみがなを かきましょう。

① 人《ひと》の 名まえ。本《ほん》の だい名。

② 空っぽ。せきが 空く。

③ 大すきな うた。大せつに する。

④ いえに 入る。力《ちから》を 入れる。

⑤ 小とりが なく。小川《がわ》が ながれる。

2 ―せんの かん字《じ》の よみがなを かきましょう。

①
正しく かく。正月《がつ》。
正かくな じこく。

②
六年生《ろくねんせい》。子犬《こいぬ》が 生まれる。
生きものを かう。

③
下じき。ぶら下がる。
下りざか。山《やま》から 下りる。

17 おなじ よみかたの かん字《じ》

つぎの ―せんの よみかたの かん字《じ》を かんがえて みましょう。

・**かだんに すみれが さいて いる。**

「か」と いう よみかたの かん字《じ》は、「下・火・花・日」を ならって います。「かだん」と いう ことばから、「花」が 正《ただ》しい ことが わかります。

ち下《か》てつ

火《か》じ

五月五日《ごがついつか》

◆ ―せんの ことばを 正《ただ》しい かん字《じ》で あらわした ほうに、○を つけましょう。

① あさひが のぼる。
（　）あさ火
（　）あさ日

② うれしい きもち。
（　）木もち
（　）気もち

③ せんとうの 人《ひと》。
（　）千とう
（　）先とう

④ くうちゅうぶらんこ。
（　）空中
（　）空虫

こたえ ①あさ日 ②気もち ③先とう ④空中 に○

ドリル①

□てん

1つ・10てん

1 文《ぶん》に あてはまる かん字《じ》の ほうに、〇を つけましょう。

① 〔三・山〕学《がっ》きの べんきょう。

② いけを 〔一・人〕まわりする。

③ 〔小・木〕かげで 休《やす》む。

④ 〔千・先〕生《せい》の おはなし。

2 □に あてはまる かん字《じ》を、〔 〕から えらんで かきましょう。

① 〔石・赤〕… □《せき》ゆを はこぶ ふね。

② 〔口・校〕… □《こう》ていに あつまる。

③ 〔生・正〕… □《せい》かつ。 □《せい》しき。（ただしい やりかた。きめられた やりかた）

④ 〔火・花〕… □《か》びん。 □《か》よう日《び》。

ドリル②

□てん

1つ・10てん

❶ □に あてはまる かん字《じ》を、〔 〕から えらんで かきましょう。

① 〔千・先〕…□《せん》円《えん》さつで はらう。

② 〔九・休〕…□《きゅう》けいじかん。

③ 〔早・草〕…みどりの □《そう》げん。

④ 〔木・気〕…天《てん》□《き》。まつの □《き》。

❷ ――せんのように よむ かん字《じ》を かきましょう。

① ゆう

□がたに なる。

左《さ》□を 見《み》る。

② しょう

□学生《がくせい》の あそび。

虫《むし》の 一《いっ》□。

□月《がつ》の ぎょうじ。

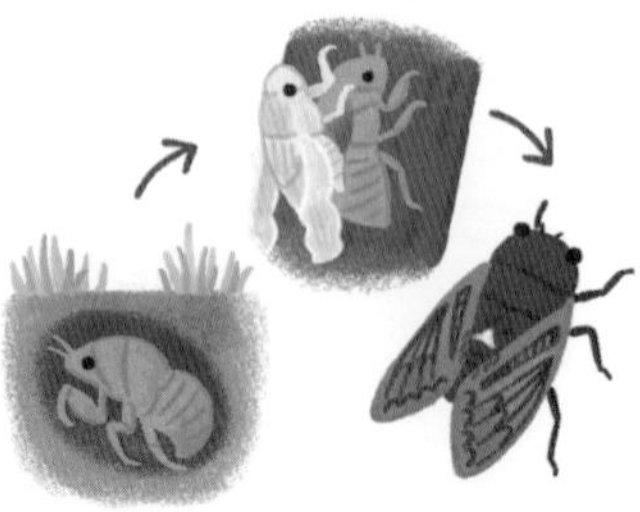

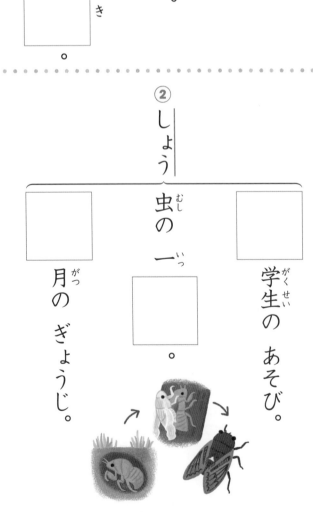

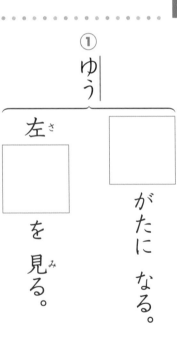

ドリル③

□てん
1つ・10てん

❶ □に あてはまる かん字《じ》を、〔 〕から えらんで かきましょう。

① 〔犬・見〕…まつりを □《けん》 ぶっする。

② 〔小・子〕…□《こ》 石《いし》を ひろう。

③ 〔火・日〕…たき □《び》 を する。

④ 〔中・虫〕…こん □《ちゅう》。 □《ちゅう》 しん。

❷ ――せんのように よむ かん字《じ》を かきましょう。

① せい

学校《がっこう》の □ もん。

六年《ろくねん》 □ の きょうしつ。

② か

ち □ てつに のる。

□ じを けす。

□ だんの 手《て》入《い》れ。

18 かきじゅんを まちがえやすい かん字《じ》

金　年　　水　女

上《うえ》の かん字《じ》の かきじゅんを
おぼえて いますか。
「女」は、「く」から かきはじめ
ます。また、「水」は、「亅」から
かきはじめます。

◉正《ただ》しい かきじゅん
で かいてる？

「年」や「金」の ◯ の ぶぶん
は、なんかくめに かきますか。
「年」は 四《よん》かくめ、「金」は 六《ろっ》か
くめに かきます。

◆かきじゅんの 正《ただ》しい ほうに、○を つけましょう。

① 九
- ア（　） ノ 九
- イ（　） 乙 九

② 入
- ア（　） ＼ 入
- イ（　） ノ 入

③ 上
- ア（　） 一 ト 上
- イ（　） 丨 ト 上

④ 手
- ア（　） ノ 二 三 手
- イ（　） ノ 亅 于 手

こたえ ①ア ②イ ③イ ④ア に ○

ドリル①

てん
1つ・10てん

1 かきじゅんの 正《ただ》しい ほうに、○を つけましょう。

① 正
ア（　）一 丅 下 正 正
イ（　）一 二 下 王 正

② 玉
ア（　）一 二 干 王 玉
イ（　）一 丅 干 王 玉

③ 年
ア（　）ノ 𠂉 仁 乍 乍 年
イ（　）ノ 𠂉 仁 乍 乍 年

④ 金
ア（　）ノ 入 亼 个 全 全 金 金
イ（　）ノ 入 亼 今 全 余 余 金

2 いちばん はじめに かく ところを、えんぴつで なぞりましょう。

〈れい〉 天

① 上
② 水
③ 糸
④ 赤
⑤ 学
⑥ 草

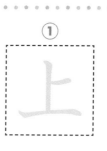

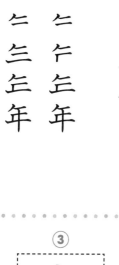

ドリル②

てん

1つ・10てん

1 かきじゅんの 正《ただ》しい ほうに、○を つけましょう。

① 石

ア（　）一 丆 丆 石 石

イ（　）ノ 丆 丆 石 石

② 右

ア（　）一 ナ 右 右 右

イ（　）ノ ナ 右 右 右

③ 生

ア（　）ノ 𠂉 牛 牛 生

イ（　）丨 刂 牛 牛 生

④ 出

ア（　）𠃊 凵 出 出 出

イ（　）丨 屮 屮 出 出

2 つぎの 赤《あか》い ぶぶんは、なんかくめに かきますか。□に すう字《じ》を かきましょう。

① 円 □

② 耳 □

③ 気 □

④ 車 □

⑤ 金 □

⑥ 青 □

ドリル③

□ てん

1 つぎの かん字《じ》の かきじゅんを しめした 中《なか》に、まちがえた ところが あります。その ぶぶんに ×を つけ、右《みぎ》に 正《ただ》しい かきじゅんを かきましょう。
（りょうほう できて 10てん）

〈れい〉一　~~丆~~（丅）　下

① 丨　ト　上

② 丶　亠　亠ノ　文

③ 一　ナ　ナ丨　右　右

④ 一　十　艹　艹ノ　艹亻　花　花

2 つぎの 赤《あか》い ぶぶんは、なんかくめに かきますか。□に すう字《じ》を かきましょう。
（一つ 10てん）

① 正　□

② 年　□

③ 赤　□

④ 足　□

⑤ 雨　□

⑥ 校　□

こたえ

「ドリル」「まとめドリル」の こたえです。

1 かずを あらわす かん字

8ページ ドリル

1 ①ご ②に ③いっ ④よん ⑤よ ⑥ひと ⑦いつ ⑧さん ⑨み ⑩ふた

2 ①一 ②二 ③三 ④一 ⑤二 ⑥五 ⑦四 ⑧三 ⑨五 ⑩四

11ページ ドリル

1 ①しち ②はち ③ろく ④ここの ⑤やっ ⑥なの ⑦きゅう ⑧むっ ⑨よう ⑩なな

2 ①八 ②六 ③九 ④七 ⑤六 ⑥九 ⑦七 ⑧八 ⑨九 ⑩六

15ページ ドリル

1 ①じゅう ②せん ③だま ④えん ⑤ち ⑥じっ(じゅっ) ⑦まる ⑧ひゃく ⑨とお ⑩せん

2 ①百 ②円 ③千 ④十 ⑤玉 ⑥円 ⑦十 ⑧百 ⑨円 ⑩十

16ページ まとめドリル

1 ①一 ②四 ③二 ④五 ⑤百 ⑥七 ⑦三 ⑧九 ⑨円 ⑩百

2 ①六 ②七 ③九 ④八 ⑤十円 ⑥玉 ⑦千円 ⑧千 ⑨千 ⑩円

2 よう日を あらわす かん字

19ページ ドリル

1 ①げつ ②ひ ③みず ④すい ⑤がつ ⑥はなび ⑦みず ⑧か ⑨つき ⑩すい

2 ①水 ②月 ③花火 ④水 ⑤水 ⑥火 ⑦月 ⑧月 ⑨火 ⑩水

22ページ ドリル

1 ①き ②かね ③つち ④ひ ⑤きん ⑥こ ⑦か ⑧ど ⑨もく ⑩かな

2 ①日 ②金 ③木 ④土 ⑤金 ⑥日 ⑦土 ⑧木 ⑨日 ⑩金

3 大きさを あらわす かん字

25ページ ドリル

1 ①ちい ②おお ③なか ④しょう ⑤じゅう ⑥だい ⑦こ ⑧なか ⑨たい ⑩おがわ

2 ①小 ②大 ③中 ④小 ⑤大 ⑥水中 ⑦小 ⑧中 ⑨小川 ⑩大

26ページ まとめドリル

1 ①月 ②金 ③火 ④日 ⑤木 ⑥月 ⑦小 ⑧水 ⑨大 ⑩土

2 ①土 ②花火 ③水 ④小 ⑤金 ⑥大 ⑦小 ⑧水中 ⑨大 ⑩小川

4 むきを あらわす かん字

31ページ ドリル①

1 ①うえ ②した ③ひだり ④みぎ ⑤くだ ⑥あ ⑦みぎ ⑧さゆう ⑨すいじょう ⑩お

2 ①左手 ②上 ③右 ④下 ⑤上 ⑥左 ⑦右足 ⑧下 ⑨左右 ⑩上

※⑤は「登」でも正《せい》かい。

32ページ ドリル②

1 ①さ ②ひだりて ③うえ ④みぎあし ⑤ひだり ⑥お ⑦のぼ ⑧さゆう ⑨か ⑩うわ

2 ①下 ②上 ③上 ④下 ⑤右 ⑥上 ⑦川下 ⑧下 ⑨川上 ⑩下校

5 いろを あらわす かん字

35ページ ドリル

1 ①しろ ②あお ③あか ④あか ⑤あお ⑥はく ⑦せき ⑧しろ ⑨しろ ⑩あおぞら

2 ①青 ②白 ③赤 ④青 ⑤青空 ⑥白 ⑦赤 ⑧白 ⑨赤 ⑩青

36ページ まとめドリル

❶ ①上 ②下 ③右 ④青 ⑤左
⑥下 ⑦白 ⑧上 ⑨赤 ⑩下

❷ ①青空 ②赤 ③川上 ④白 ⑤赤
⑥上 ⑦左右 ⑧下 ⑨上下 ⑩下

6 しぜんや 天気に つながりの ある かん字

40ページ ドリル

❶ ①やま ②いし ③かわ ④た
⑤せっ ⑥やま ⑦た ⑧おがわ
⑨こいし ⑩かざん

❷ ①田 ②山 ③石 ④川 ⑤山
⑥小石 ⑦川 ⑧田 ⑨石 ⑩山

43ページ ドリル

❶ ①おおあめ ②そら ③もり
④あま ⑤くうき ⑥もり
⑦ばやし ⑧あ ⑨あめ ⑩りん

❷ ①森 ②空 ③雨 ④林 ⑤空
⑥森 ⑦林 ⑧雨 ⑨大雨 ⑩空気

46ページ ドリル

❶ ①げ ②き ③ゆう ④てんき
⑤くうき ⑥ゆう ⑦あま ⑧き
⑨ゆうひ ⑩てん

❷ ①夕 ②天 ③気 ④夕 ⑤雨天
⑥気 ⑦夕 ⑧夕日 ⑨空気
⑩天気

47ページ まとめドリル

❶ ①川 ②石 ③山 ④森 ⑤田
⑥雨 ⑦林 ⑧空 ⑨夕 ⑩石

❷ ①気 ②青空 ③田 ④小川
⑤石 ⑥夕日 ⑦空 ⑧天気
⑨雨 ⑩森林

7 どうぶつを あらわす かん字

50ページ ドリル

❶ ①むし ②こいぬ ③かい
④むし ⑤いぬ ⑥かい ⑦ちゅう
⑧けん ⑨がい ⑩ちゅう

❷ ①虫 ②貝 ③犬 ④虫 ⑤貝
⑥犬 ⑦虫 ⑧貝 ⑨犬 ⑩虫

8 草木を あらわす かん字

53ページ ドリル

❶ ①くさ ②はな ③たけ ④そう
⑤ちくりん(たけばやし) ⑥はなび
⑦そう ⑧か ⑨たけ ⑩くさばな

❷ ①花 ②草 ③草 ④竹 ⑤竹林
⑥花 ⑦草 ⑧草花 ⑨竹 ⑩花火

54ページ まとめドリル

❶ ①貝 ②犬 ③竹 ④虫 ⑤草
⑥花 ⑦金 ⑧赤 ⑨気 ⑩竹林

❷ ①竹 ②花火 ③虫 ④貝 ⑤草
⑥草花 ⑦花 ⑧小石 ⑨虫 ⑩犬

9 町や 学校に つながりの ある かん字

58ページ ドリル

❶ ①がっこう ②まち ③むら
④まな ⑤まち ⑥こう ⑦こう
⑧そん ⑨にゅうがく ⑩ちょう

❷ ①校 ②町 ③学 ④校 ⑤村
⑥学 ⑦学 ⑧町 ⑨村 ⑩学校

62ページ ドリル

❶ ①おん ②ぶん ③じ ④ねん
⑤もん ⑥な ⑦じ ⑧あしおと
⑨としうえ ⑩めい

❷ ①字 ②音 ③文 ④名 ⑤年
⑥文字 ⑦名 ⑧音 ⑨名 ⑩年

10 ものの 名まえを あらわす かん字

65ページ ドリル

❶ ①くるま ②ほん ③いと
④ぐるま ⑤いと ⑥ほん
⑦しゃ ⑧いと ⑨ほん ⑩しゃ

❷ ①車 ②糸 ③本 ④車 ⑤糸
⑥本 ⑦車 ⑧糸 ⑨車 ⑩本

66ページ まとめドリル

❶ ①音 ②町 ③村 ④校 ⑤名
⑥本 ⑦車 ⑧村 ⑨年 ⑩糸

❷ ①学 ②音 ③文 ④車 ⑤学校
⑥名 ⑦文字 ⑧年 ⑨糸 ⑩町

11 人を あらわす かん字

69ページ ドリル

1 ①ひと ②おとこ ③おんな ④にん ⑤だんし ⑥おんな ⑦じょし ⑧じん ⑨なん ⑩ひと

2 ①女子 ②男 ③人 ④女 ⑤男子 ⑥人 ⑦女 ⑧人 ⑨男 ⑩男女

73ページ ドリル

1 ①さき ②おう ③い ④こ ⑤おうじ ⑥せんせい ⑦せん ⑧じょし ⑨なま ⑩は

2 ①先 ②子 ③生 ④子 ⑤先生 ⑥男子 ⑦生 ⑧生 ⑨女王 ⑩生

74ページ まとめドリル

1 ①女 ②人 ③男 ④生 ⑤子 ⑥男 ⑦王 ⑧先 ⑨生 ⑩子

2 ①先 ②生 ③五人 ④生 ⑤先生 ⑥生 ⑦女王 ⑧人 ⑨男子 ⑩生

12 からだに つながりの ある かん字

77ページ ドリル

1 ①め ②くち ③みみ ④もく ⑤め ⑥もく ⑦みみ ⑧じんこう ⑨みみ ⑩く

2 ①目 ②口 ③耳 ④目 ⑤目 ⑥耳 ⑦口 ⑧目 ⑨耳 ⑩人口

80ページ ドリル

1 ①あし ②て ③しゅ ④た ⑤ちから ⑥あし ⑦りき ⑧しゅ ⑨りょく ⑩みぎて

2 ①手 ②力 ③力 ④足 ⑤右手 ⑥手 ⑦足 ⑧足 ⑨力 ⑩手

13 うごきや ようすを あらわす かん字

84ページ ドリル

1 ①はい ②で ③た ④み ⑤い ⑥だ ⑦りつ ⑧にゅうがく ⑨しゅっ ⑩けんがく

2 ①入 ②立 ③出 ④見 ⑤立 ⑥入 ⑦出 ⑧出 ⑨入学 ⑩見

87ページ ドリル

1 ①ただ ②やす ③はや ④しょうがつ ⑤やす ⑥せい ⑦まさ ⑧きゅうじつ ⑨そう ⑩はやくち

2 ①休 ②正 ③正月 ④早 ⑤休 ⑥休 ⑦早口 ⑧正 ⑨正 ⑩早

88ページ まとめドリル

1 ①入 ②見 ③休 ④立 ⑤出 ⑥正 ⑦目 ⑧出 ⑨手 ⑩力

2 ①手 ②足音 ③耳 ④早口 ⑤正月 ⑥足 ⑦目 ⑧入学 ⑨休日 ⑩見学

14 おなじ ぶぶんを もつ かん字

90ページ ドリル①

1 ①早 ②名 ③音 ④百

2 ①見・貝 ②林・休 ③字・学

91ページ ドリル②

1 ①木 ②ェ ③艹 を なぞる。

2 ①虫 ②赤 ③青 ④早・音 ⑤町・男

92ページ ドリル③

1 ① 田(力) 力(田) ② 立(日) 日(立)

2 ①字・学 ②林・森 ③村・校 ④花・草

15 かたちが にて いる かん字

94ページ ドリル①

1 ①王 ②木 ③入 ④右・石

2 ① 土 上 ② 耳 目 月

95ページ ドリル②

❶ ①犬 ②百 ③見 ④村・林

❷ ① 人 入 ② 火 大 天

96ページ ドリル③

❶ ①玉 ②本 ③千 ④字・学

❷ ① 貝 見 ② 石 右 左

16 いろいろな よみかたが ある かん字

98ページ ドリル①

❶ ①あま ②し ③い ④あ ⑤は ⑥こ ⑦うわ ⑧お

❷ ①だ・で ②ど・と ③ひ・か ④げつ・がつ ⑤おお・たい ⑥ちい・しょう

99ページ ドリル②

❶ ①きゅう・く ②じっ(じゅっ)・とお ③もく・ぼく ④おと・おん ⑤ちから・りょく

❷ ① そら・くう / あ ② ひと・にん / じん ③ うえ・あ / のぼ・かみ

100ページ ドリル③

❶ ①な・めい ②から・あ ③だい・たい ④はい・い ⑤こ・お

❷ ① ただ・しょう / せい ② せい・う / い ③ した・さ / くだ・お

17 おなじ よみかたの かん字

102ページ ドリル①

❶ ①三 ②一 ③木 ④先

❷ ①石 ②校 ③生・正 ④花・火

103ページ ドリル②

❶ ①千 ②休 ③草 ④気・木

❷ ① 夕 右 ② 小 生 正

104ページ ドリル③

❶ ①見 ②小 ③火 ④虫・中

❷ ① 正 生 ② 下 火 花

18 かきじゅんを まちがえやすい かん字

106ページ ドリル①

❶ ①ア ②イ ③ア ④イ

❷ ①上 ②水 ③糸 ④赤 ⑤学 ⑥草

107ページ ドリル②

❶ ①ア ②イ ③ア ④イ

❷ ①3 ②5 ③5 ④7 ⑤6 ⑥2

108ページ ドリル③

❶ ①丨 × ②ウ × ③ノ × ④花 ×

❷ ①4 ②4 ③5 ④5 ⑤4 ⑥8